Pour un catastrophisme éclairé

Quand l'impossible est certain

Jean-Pierre Dupuy

Pour un catastrophisme éclairé

Quand l'impossible est certain

Éditions du Seuil

Une première version de ce texte a été présentée le 1er mars 2001 à la séance inaugurale du séminaire « Risques » organisé par le Commissariat général du Plan, avec le ministère de l'Aménagement du territoire et de l'Environnement, et la direction de la prévision au ministère de l'Économie, des Finances et de l'Industrie.

ISBN 978-2-02-066046-4
(ISBN 2-02-053897-0, 1re publication)

So the Platonic Year
Whirls out new right and wrong,
Whirls in the old instead;
All men are dancers and their tread
Goes to the barbarous clangour of a gong.

W. B. Yeats, *The Tower.*

This is the way the world ends
This is the way the world ends
This is the way the world ends
Not with a bang but a whimper

T. S. Eliot, *The Hollow Men.*

Le temps des catastrophes

> **Pour se représenter une situation inconnue l'imagination emprunte des éléments connus et à cause de cela ne se la représente pas. Mais la sensibilité, même la plus physique, reçoit comme le sillon de la foudre, la signature originale et longtemps indélébile de l'événement nouveau.**
>
> Marcel Proust, *Albertine disparue*.

Au départ de ce livre se trouve la communication que je fis le 1er mars 2001 au Commissariat général du Plan, comme conférence inaugurale d'un séminaire sur les « nouveaux risques ». Dans ce haut lieu de la pensée économique française, on s'attendait peut-être à ce que j'adopte le ton gestionnaire qui sied à une assemblée de responsables de l'économie et de hauts fonctionnaires. Par conviction plus que par provocation, je décidai d'adopter une posture « catastrophiste ». On verra ce que j'entends par là dans les pages qui suivent. La chose, semble-t-il, eut un impact. Prié de transformer en ouvrage ce qui n'était que le texte d'une causerie, je tirai avantage d'un cours que je donnai à l'université Stanford le printemps suivant pour approfondir avec mes étudiants les concepts et les méthodes de ce « catastrophisme éclairé » que je propose à l'attention du lecteur. L'essentiel du travail était au point à la fin de l'été.

Survint le 11 septembre 2001. Comme tout événement majeur, cette date distingue désormais un avant et un après. La catastrophe inouïe a surgi. Le pire est arrivé. Les catastrophes qui faisaient l'objet de ma réflexion étaient de celles qu'entraîne l'extension démesurée du pouvoir des hommes sur le monde. Celle du 11 septembre a rendu manifeste la violence extrême qu'ils peuvent exercer les uns sur les autres. La distance était-elle si grande ? Il n'était pas indifférent que les armes de cette violence fussent des objets techniques détournés de leurs fonctions, comme si la puissance se retournait contre elle-même. L'explosion d'une usine chimique à Toulouse, dix jours plus tard, acheva de brouiller les cartes. Les responsables politiques et les commentateurs ne se privèrent pas d'associer les deux événements. Le principe de précaution fut appelé à la rescousse pour déterminer les contours et les limites de la protection contre de futures attaques terroristes. On envisagea de doubler chaque nouvelle centrale nucléaire d'une batterie de missiles sol-air, comme au centre de retraitement des déchets radioactifs de La Hague. Le survol du territoire français par l'aviation civile promettait de devenir une aventure pleine de danger. Nous étions installés dans le temps des catastrophes.

Le monde a vécu l'événement du 11 septembre moins comme l'inscription dans le réel de quelque chose d'insensé, donc d'impossible, que comme l'irruption du possible dans l'impossible. La pire horreur devient désormais possible, a-t-on dit ici et là. Si elle *devient* possible, c'est qu'elle ne l'était pas. Et pourtant, objecte le bon sens (?), si elle s'est produite, c'est bien qu'elle *était* possible. J'avais précisément placé cette apparente contradiction au cœur de ma construction d'une position tout à la fois catastrophiste et rationnelle. Le lien entre les catastrophes de la puissance et les catastrophes de la violence se situait en ce point précis, j'en étais à présent convaincu, et non dans quelque vague analogie sur les *précautions* qu'il convenait de prendre dans un cas et dans l'autre.

Bergson décrit, dans *Les Deux Sources de la morale et de la religion*, les sensations qu'il éprouva le 4 août 1914 en apprenant la déclaration de guerre de l'Allemagne à la France : « Malgré mon bouleversement, et bien qu'une guerre, même victorieuse, m'apparût comme une catastrophe, j'éprouvais ce que dit [William] James, un sentiment d'admiration pour la facilité avec laquelle s'était effectué le passage de l'abstrait au concret : qui aurait cru qu'une éventualité aussi formidable pût faire son entrée dans le réel avec aussi peu d'embarras ? Cette impression de simplicité dominait tout. En y réfléchissant, on s'aperçoit que si la nature voulait opposer une réaction défensive à la peur, prévenir une contracture de la volonté devant la représentation trop intelligente d'un cataclysme aux répercussions sans fin, elle susciterait précisément entre nous et l'événement simplifié, transmué en personnalité élémentaire, cette camaraderie qui nous met à notre aise, nous détend, et nous dispose à faire tout bonnement notre devoir[1]. » Or cette inquiétante familiarité contrastait violemment avec les sentiments qui prévalaient *avant* la catastrophe. La guerre apparaissait alors à Bergson « *tout à la fois comme probable et comme impossible* : idée complexe et contradictoire, qui persista jusqu'à la date fatale. »

En réalité, Bergson démêle très bien cette apparente contradiction, lorsqu'il réfléchit sur l'œuvre d'art dans son essai « Le possible et le réel », écrit à l'intention du comité Nobel qui lui décerna la récompense suprême en 1930. « Je crois qu'on finira par trouver évident que l'artiste *crée du possible en même temps que du réel* quand il exécute son

1. Henri Bergson, *Œuvres*, Édition du centenaire, Paris, PUF, 1991, p. 1110-1111. Bergson se réfère aux sentiments éprouvés par James lors du terrible tremblement de terre de San Francisco d'avril 1906.

œuvre », écrit-il. Il ajoute : « D'où vient donc qu'on hésitera probablement à en dire autant de la nature ? Le monde n'est-il pas une œuvre d'art, incomparablement plus riche que celle du plus grand artiste ? » On hésite encore plus à étendre cette réflexion à l'activité destructrice. Et pourtant, qui n'a pas éprouvé devant les images du 11 septembre une sorte d'exaltation et d'effroi qui ressemble au sentiment du sublime, au sens que donnent à ce mot Burke et Kant ? Des terroristes, qui ne furent sans doute pas en reste de sensations de ce type, il est aussi permis de dire qu'ils ont créé du possible en même temps que du réel. Comme je le notais ci-dessus, cela fut d'ailleurs la métaphysique spontanée des commentateurs. Il faut donc poursuivre avec Bergson la réflexion sur ce point, car, je le répète, elle touche au cœur même de notre attitude face à la catastrophe.

Dans le même article, l'auteur de *La Pensée et le Mouvant* rapporte la conversation savoureuse qu'il eut avec un journaliste venu l'interroger, pendant la Grande Guerre, au sujet de l'avenir de la littérature. « Comment concevez-vous, par exemple, la grande œuvre dramatique de demain ? » lui demande-t-on. – « Mais, répond Bergson, l'œuvre dont vous parlez n'est pas encore possible. » – « Il faut pourtant bien qu'elle le soit, puisqu'elle se réalisera », rétorque l'autre, adepte sans le savoir d'une métaphysique que nous dirons leibnizienne. – « Non, elle ne l'est pas. Je vous accorde tout au plus qu'elle *l'aura été*. » – « Qu'entendez-vous par là ? » – « C'est bien simple. Qu'un homme de talent ou de génie surgisse, qu'il crée une œuvre : la voilà réelle et par là même elle devient rétrospectivement ou rétroactivement possible. Elle ne le serait pas, elle ne l'aurait pas été, si cet homme n'avait pas surgi. C'est pourquoi je vous dis qu'elle aura été possible aujourd'hui, mais qu'elle ne l'est pas encore. » – « C'est un peu fort ! Vous n'allez pas soutenir que l'avenir influe sur le présent, que le présent introduit quelque chose dans le passé, que l'action remonte le cours du temps et vient imprimer sa marque en arrière ? » – « Cela dépend. Qu'on puisse insérer du réel dans le passé et travailler ainsi à reculons dans le temps, je ne l'ai jamais prétendu. Mais qu'on puisse y loger du possible, ou plutôt que le possible aille s'y loger lui-même à tout moment, cela n'est pas douteux. Au fur et à mesure que la réalité se crée, imprévisible et neuve, son image se réfléchit derrière elle dans le passé indéfini ; elle se trouve avoir été, de tout temps, possible ; mais c'est à ce moment précis qu'elle *commence à l'avoir toujours été*, et voilà pourquoi je disais que sa possibilité, qui ne précède pas sa réalité, l'aura précédée une fois la réalité apparue »[2].

Le temps des catastrophes, c'est cette temporalité en quelque sorte inversée. La catastrophe, comme événement surgissant du néant, ne devient possible qu'en se « possibilisant », pour parler comme Sartre qui, sur ce point, aura retenu la leçon de son maître Bergson. C'est bien là la source de notre problème. Car s'il faut *prévenir* la catastrophe, on a besoin de croire en sa possibilité *avant* qu'elle ne se produise. Si, inversement, on réussit à la prévenir, sa non-réalisation la maintient dans le domaine de l'impossible, et les efforts de prévention en apparaissent rétrospectivement inutiles. Je défends dans ce livre la thèse que ce qui se pense aujourd'hui sous le nom de « précaution » face à ce que l'on appelle, à tort nous le verrons, des « risques », bute sur cet obstacle majeur. L'urgence est donc conceptuelle, avant d'être politique ou éthique. Je propose une nouvelle façon d'aborder ces questions.

Mes remerciements vont d'abord au commissaire général du Plan, Jean-Michel Charpin, et à l'organisateur du séminaire sur les risques, Michel Matheu, pour la

2. *Ibid.*, p. 1340 (je souligne).

confiance qu'ils m'ont témoignée et les risques qu'ils ont eux-mêmes pris en invitant à leurs débats cet « empêcheur de penser en rond [3] » qu'est le philosophe. Ma communication suscita de nombreuses réactions, certaines polémiques, d'autres amicalement critiques. J'ai bénéficié de tous ces apports, à commencer par ceux des deux éminents chercheurs qui reçurent mission de me répondre, les professeurs Didier Sicard et Jacques Testart. Je voudrais leur exprimer ma reconnaissance ainsi qu'à François Ewald, Olivier Godard, Georges-Yves Kervern, Catherine Larrère, Raphaël Larrère, Christian Gollier, Grégoire Postel-Vinay et Bernard Guibert. J'ai présenté mes idées lors de plusieurs séances du séminaire de philosophie morale que Monique Canto-Sperber et moi animons à l'École polytechnique, ainsi que dans quelques autres cénacles. J'ai beaucoup appris des observations et des objections que m'ont faites Jon Elster, Pierre Livet, Jean Petitot, Philippe Nemo, Philippe Mongin, Michel Horps, Rodolphe Greif, Peter Railton, Lucien Scubla, Michel Bitbol, Michel De Glas, Pierre Saurel, Simon Charbonneau, Olivier Cuny, Aviv Bergman, Alexei Grinbaum, François Velde, Michel Petit et Ruwen Ogien. Je les remercie chaleureusement, et tout spécialement Monique qui a relu attentivement mon manuscrit et a été d'un constant soutien.

Les idées que je mets ici sur le papier n'engagent évidemment que moi. J'y aiguise avec autant de minutie que j'en suis capable des concepts pointus pour travailler une matière qui déchaîne habituellement les passions, tant les enjeux sont considérables. Le mélange des styles pourra sembler à certains détonant. Seule m'a guidé la conviction que nous devions désormais penser dans l'ombre de la catastrophe future.

3. Merci à Philippe Pignarre pour cette belle expression qu'il a prise pour titre de la collection de livres qu'il dirige.

I

Le risque et la fatalité

1. Un point de vue singulier

François GUERY [au sujet des OGM] : Qu'est-ce qui vous fait penser que le danger est gravissime ?
Corinne LEPAGE : J'ignore si le danger est gravissime ou pas, et c'est précisément le problème.

La Politique de précaution,
Paris, PUF, 2001, p. 49.

C'est au siècle dernier que l'humanité est devenue capable de se détruire elle-même, soit directement par la guerre nucléaire, soit indirectement par l'altération des conditions nécessaires à sa survie. Le franchissement de ce seuil était préparé depuis longtemps, mais il a rendu manifeste et critique ce qui n'était jusqu'alors que danger potentiel. Aujourd'hui les crises qui touchent à répétition ce qu'on appelle l'environnement sont comme ces accidents individuels de santé plus ou moins graves qui inquiètent parfois plus que peut-être ils ne le devraient car ils sont comme le rappel de notre condition mortelle. Avec l'homme, la nature s'est dépassée elle-même, mais elle a ainsi pris un risque énorme. Elle l'a cependant doté de facultés spirituelles, d'une étincelle de sagesse pratique que l'on nomme éthique, et c'est seulement en en faisant bon usage que l'humanité peut espérer mettre en échec son excès de pouvoir sur les choses et sur elle-même, qui est avant tout pouvoir de destruction.

La société industrielle, qui repose sur le développement des sciences et des techniques, semble découvrir aujourd'hui – avec quelle *effervescence* ! quelle confusion de pensée ! – que des menaces graves, voire gravissimes, pèsent sur son avenir. Le mot convenu pour désigner cette prise de conscience est celui de « risques ». Je tenterai de montrer qu'il est fort mal choisi.

La question des risques peut être abordée de divers points de vue. La discipline des sciences humaines la plus anciennement établie dans le domaine est la théorie économique. Avant même son avènement, la théorie de la décision en avenir risqué ou incertain avait vu le jour dans les travaux des mathématiciens les plus éminents du Grand Siècle. Grâce aux inventeurs du calcul des probabilités, Pascal, Fermat et Huygens, les jeux de hasard relevaient désormais de la législation de la raison humaine. Au vingtième siècle, la pensée économique entendit consolider ses fondements en élaborant une théorie du choix rationnel. Ce furent les œuvres majeures de Leonard Savage et de John von Neumann. Il est significatif que, cherchant à présenter sous forme d'axiomes les hypothèses qui, selon eux, définissaient la rationalité, ces mathématiciens eussent d'emblée considéré le cas d'un agent placé devant un avenir incertain, tel un homme qui décide de jouer à la loterie et pondère par leurs probabilités respectives les gains qu'il convoite. C'est encore dans cet univers de pensée que se situent les experts qui, aujourd'hui, interrogent les menaces qui pèsent sur l'environnement ou la santé humaine. Lorsque l'un d'entre eux, pris de panique, s'écrie : « L'humanité a de sérieux ennuis. Près de dix mille personnes par jour meurent inutilement dans le monde parce que l'environnement s'est saisi de leurs pauvres vies. [...] Nous jouons massivement au poker avec le climat futur de la terre[4] », il est clair qu'il ne peut se déprendre de la métaphore pascalienne des jeux de hasard. Mais les malheureux Britanniques qui mourront de la maladie de la vache folle, en nombre compris, selon d'autres experts, entre quelques centaines et quelques dizaines de milliers, se diront-ils, lorsque les premiers symptômes invalidants se feront sentir, qu'ils ont tiré le mauvais numéro à la loterie ? Non, ils se révolteront contre un sort injuste, une fatalité incompréhensible dans laquelle ils estiment n'être pour rien, ou bien ils chercheront, tant que leur esprit déclinant le permettra, les responsabilités humaines à l'origine du malheur qui les frappe.

Et cependant, dans les nombreux colloques ou cénacles où se discutent les questions d'environnement et de santé publique, ce sont les économistes, ou en tout cas l'esprit de l'économie, qui dominent. L'esprit de l'assurance y a également sa place, car si l'on pense que la menace a la forme du risque que l'on prend en pariant sur un événement aléatoire, telle la victoire d'une équipe de football ou celle d'une jument sur un champ de courses, alors la menace est assurable. Mais la prochaine attaque terroriste majeure n'est pas plus assurable que le tremblement de terre de magnitude 8 ou plus qui engloutira peut-être San Francisco dans les eaux de la baie. En résumé, la pensée de l'environnement se réduit pour l'essentiel à l'économie de l'environnement. Que ce quasi-monopole soit très dommageable, il y a de fortes raisons de le craindre. Qu'il me suffise à ce stade d'en esquisser deux. Les économistes reconnaissent volontiers qu'ils ne peuvent suffire à la tâche, et que les dimensions éthiques et politiques des problèmes qu'ils abordent ne peuvent être négligées. Mais ils tiennent que leur démarche est

4. Timothy O'Riordan et James Cameron, « The History and Contemporary Significance of the Precautionary Principle », *in* T. O'Riordan et J. Cameron (éd.), *Interpreting the Precautionary Principle*, Londres, Cameron May, 1994.

séparable de ce reste ou de ce contexte, donc qu'ils peuvent procéder à leurs calculs de risques à huis clos. Je défendrai au contraire la thèse que la recherche d'une éthique appropriée à notre situation présente implique un bouleversement des fondements philosophiques du calcul économique. L'autre raison qui commande de combattre la mainmise de la pensée économique sur la question des risques, par exemple sous la forme des bilans « coûts-avantages » qu'elle affectionne, est que l'économie y est tout à la fois juge et partie. A lire les nombreux rapports consacrés au « principe de précaution », on est souvent pris d'un sentiment d'irréalité, tant le contexte dans lequel se situent ces menaces qu'on appelle risques y est complètement gommé. Comme si vraiment l'envahissement du monde par la valeur marchande, cette réduction de tous les domaines de la vie à la problématique de la production et de la consommation, n'avait rien à voir avec les dangers dont nous parlons ! Comme si vraiment la pensée économique n'était pas profondément solidaire de ce grand mouvement d'unification du monde par l'économie, de cet emballement qu'on appelle « croissance mondiale » et dont elle a par ailleurs le plus grand mal à rendre compte bien qu'il soit sa condition de possibilité !

L'économie n'est cependant pas la seule science de l'homme à se préoccuper de ces questions. La psychologie sociale des phénomènes de panique collective ; la socio-économie politique de la prudence moderne ; la démarche « sciences-techniques-sociétés » ; la philosophie du droit de la responsabilité ; la réflexion politico-administrative sur le rôle de l'État dans la gestion des risques et des crises : toutes ces disciplines et bien d'autres sont d'ores et déjà convoquées pour l'élaboration d'une charte de la démocratie technique que beaucoup appellent de leurs vœux et qui redéfinirait complètement les rôles respectifs des scientifiques, des experts, de l'État et de la société civile. Ces travaux sont parfaitement légitimes, et parfois de grande qualité. Ils entendent placer la dimension politique en priorité par rapport à tout calcul économique. Ils procèdent de la conviction que, tant que le peuple bien informé ne sera pas associé aux grandes décisions de développement scientifique et technique, toute politique de « précaution » produira les effets inverses de ceux qu'elle est censée produire. Elle causera la panique et la montée aux extrêmes au lieu de l'apaisement qu'elle vise. Ma contribution n'apportera, j'en ai peur, rien à cette réflexion. C'est que je juge cette dernière trop hâtive. Elle met, pour tout dire, la charrue avant les bœufs. Avant d'imaginer les procédures politiques qui permettront à une démocratie scientifique et technique d'aller sur le chemin qu'elle veut prendre, ou en tout cas d'éviter les autoroutes qui mènent tout droit et très vite au désastre, il convient, me semble-t-il, de penser la nature du mal auquel nous avons ici affaire.

Au cours de ces dernières décennies a pris progressivement racine, surtout dans notre pays, l'idée que la rationalité collective ne pouvait être pensée que sur le mode procédural et que la démocratie était avant tout affaire de construction d'un espace public de communication et de délibérations. Dire que la rationalité est procédurale, c'est dire qu'une fois l'accord réalisé sur les justes et bonnes procédures, ce qu'elles produiront sera *ipso facto*, par propriété héritée en quelque sorte, juste et bon. C'est donc renoncer à chercher, indépendamment de et antérieurement à toute procédure, les critères du juste et du bien – ou plutôt, comme nous le verrons, du mal et de l'inacceptable. La rationalité procédurale a du bon, sauf lorsqu'elle se construit au prix du renoncement à toute rationalité substantielle [5]. Sur des problèmes aussi essentiels pour l'ave-

5. Le rapport au Premier ministre sur *Le Principe de précaution*, dirigé par Philippe Kourilsky et Geneviève Viney (Paris, Éd. Odile Jacob, 2000),

nir de l'humanité que les défis et les dangers de la technique, le recours à la dissuasion au moyen d'armes de destruction massive ou les problèmes dits d'environnement, trop souvent l'appel à la démocratie sert d'alibi à l'absence de réflexion normative.

On éprouve à lire certains de ces travaux comme un sentiment d'irréalité, beaucoup plus paradoxal que dans le cas de la littérature économique, laquelle n'a jamais caché son penchant pour les abstractions irréalisantes. La démarche sociopolitique, elle, entend coller au réel, sans naïveté d'aucune sorte. Or, puisqu'il s'agit ici de penser le rapport à l'incertain de la catastrophe, que nous dit-elle des origines de cette incertitude ? On ne sait pas si le réchauffement climatique issu des gaz déjà présents dans notre atmosphère provoquera à l'échelle de quelques siècles une augmentation de température de moins de deux degrés ou de plus de sept degrés, la différence d'impact entre ces deux conjectures étant du même ordre que celle qui sépare un bobo au menton d'un choc mortel sur le crâne. La marge d'erreur dans l'estimation du nombre

---

va jusqu'à théoriser ce renoncement dans les termes suivants : « En l'absence de certitude, la précaution consiste à privilégier la rigueur procédurale. Lorsque la "vérité" d'une situation et la "réalité" d'un risque ne peuvent être établies, c'est la rigueur des procédures et des acteurs impliqués dans leur élaboration, leur exécution et leur surveillance, qui devient la valeur dominante » (p. 21). On me permettra de m'inscrire absolument en faux contre cette assertion. Avec Hans Jonas, j'affirme que « le caractère incertain de tous les pronostics à long terme [...] doit être pris lui-même comme un fait, pour le traitement correct duquel l'éthique doit disposer d'un principe *qui ne soit plus lui-même incertain* » (Hans Jonas, *Le Principe Responsabilité. Une éthique pour la civilisation technologique*, Paris, Flammarion, coll. « Champs », 1995, p. 79). Ma solution n'est pas celle de Jonas, mais, pas plus que la sienne, elle ne se résigne aux aléas des procédures collectives. On peut regretter qu'un scientifique aussi éminent que Philippe Kourilsky et une juriste aussi avisée que Geneviève Viney se soient crus tenus de mettre les mots « vérité » et « réalité » entre guillemets, comme par concession à la pensée « post-moderne ».

de victimes britanniques de la maladie de la vache folle est aujourd'hui, comme rappelé ci-dessus, dans un rapport de un à cent, après avoir atteint un rapport de un à mille. De quoi procèdent de telles incertitudes ? La réponse aujourd'hui convenue est que la controverse scientifique en est responsable. L'univers scientifique est un univers « controversé ». Il faut dire qu'une partie de cette littérature est solidaire de la version *hard* de la sociologie et de l'histoire des sciences. La science y est représentée comme un champ de bataille où l'issue des conflits dépend des seuls rapports de force, où tous les coups sont permis dès lors qu'ils rapportent au « paradigme », et surtout à ses supporters, prestige, pouvoir, postes et financements. L'incertitude scientifique serait donc du même ordre que la glorieuse incertitude du sport, la meilleure équipe de foot pouvant toujours perdre le match si le hasard inhérent à toute compétition se met à faire des siennes. A ceci près que, dans le cas de la science, il ne serait même pas possible de dire quelle est la meilleure équipe. Cette représentation a certes le mérite de ne pas être naïve, mais il y a une question de base qu'elle ne songe même pas à poser, tant elle est occupée à déconstruire l'image d'une science progressant rationnellement : comment, de cette foire d'empoigne, peut-il surgir quelque chose de l'ordre de cette objectivité et de cette opérationnalité dont il est difficile de dire, sans mauvaise foi, qu'elles ne caractérisent pas l'aventure techno-scientifique ?

Le retournement est étrange. Ce ne sont pas les propriétés intrinsèques de l'objet qui, rendant la connaissance irréductiblement incertaine, sont responsables des controverses. Ce sont les controverses qui sont responsables de l'incertitude. Nous le verrons, certaines des considérations qui président à la définition d'un « principe de précaution » ne prennent sens que si l'on accepte ainsi de marcher sur la tête.

Ma démarche se situera à un tout autre plan, celui des théories et des concepts – bref, celui de la quête philosophique. Il est urgent de comprendre le monde avant de songer à le transformer. Pour ce qui est de ses transformations, il paraît bien se charger du travail tout seul, comme si nous n'existions pas ! Il faut d'abord disposer d'une théorie qui nous explique l'étiologie des dangers qui nous menacent, et pourquoi le ciel semble tout d'un coup prêt à nous tomber sur la tête. Comme l'écrit François Guery, « on tombe de son haut et on découvre que des conséquences inouïes se précipitent sur nous sans qu'on ait pu les anticiper [6] ». Jean-Marie Domenach parlait du « retour du tragique » dans le monde moderne [7]. Tous ces travaux qui traitent des « nouveaux risques » dans une optique purement gestionnaire, comme s'ils n'étaient au fond pas différents des accidents naturels qui de tout temps ont été le lot des sociétés humaines, frappent surtout par leur naïveté, indifférents qu'ils semblent être à la situation même qui leur a donné naissance.

Je voudrais dire d'emblée que ma démarche est intimement liée à mon parcours personnel, qui m'aura mené de l'École polytechnique et du Corps des Mines à la critique radicale de la société industrielle, et de cette critique à mon entrée en philosophie. Le grand philosophe des sciences Jean Ullmo, qui fut mon mentor à l'École, et à qui je dois d'avoir pu donner à celle-ci son premier centre de recherches philosophiques, aimait à dire de moi que j'étais un « extrémiste rationaliste ». J'assume cette position inconfortable et c'est pourquoi je voudrais défendre ici un « catastrophisme » rationnel ou éclairé.

Dans les années soixante-dix, je fus de ceux qui intro-

6. Corinne Lepage et François Guery, *La Politique de précaution*, Paris, PUF, 2001, p. 198.

7. Jean-Marie Domenach, *Le Retour du tragique*, Paris, Éd. du Seuil, 1967.

duisirent la pensée d'Ivan Illich en France[8]. A l'époque, nous annoncions déjà à grands traits l'immense panique qui semble devoir poindre à notre horizon immédiat. Prophéties de malheur, dira-t-on. Ici aussi, j'assume cette attitude et je tenterai de la justifier avec des arguments rationnels. Je résume ici en quelques mots, avant de l'approfondir plus loin, le cœur de la critique illichienne, dont le concept clé se nomme « contreproductivité ».

Toute valeur d'usage peut être produite de deux façons, en mettant en œuvre deux modes de production : un mode *autonome* et un mode *hétéronome*. Ainsi, on peut apprendre en s'éveillant aux choses de la vie dans un milieu rempli de sens ; on peut aussi recevoir de l'éducation de la part d'un professeur payé pour cela. On peut se maintenir en bonne santé en menant une vie saine, hygiénique ; on peut aussi recevoir des soins de la part d'un thérapeute professionnel. On peut avoir un rapport à l'espace que l'on habite fondé sur des déplacements à faible vitesse : marche, bicyclette ; on peut aussi avoir un rapport instrumental à l'espace, le but étant de le franchir, de l'annuler, le plus rapidement possible, transporté par des engins à moteur. On peut rendre *service* à quelqu'un qui vous demande de l'aide ; on peut lui répondre : il y a des *services* pour cela.

Contrairement à ce que produit le mode hétéronome de production, ce que produit le mode autonome ne peut en général être mesuré, évalué, comparé, additionné à d'autres valeurs. Les valeurs d'usage produites par le mode autonome échappent à l'emprise de l'économiste ou du comptable national. Il ne s'agit certes pas de dire que le mode hétéronome est un mal en soi, loin de là. Mais la grande question qu'Illich eut le mérite de poser est celle de l'articulation entre les deux modes. Il ne s'agit pas de nier que la

8. Jean-Pierre Dupuy et Jean Robert, *La Trahison de l'opulence*, Paris, PUF, 1976.

production hétéronome peut vivifier intensément les capacités autonomes de production de valeurs d'usage. Simplement, l'hétéronomie n'est ici qu'un *détour de production* au service d'une fin qu'il ne faut pas perdre de vue : l'autonomie. Or l'hypothèse d'Illich est que la « synergie positive » entre les deux modes n'est possible que dans certaines conditions très précises. Passés certains *seuils* critiques de développement, la production hétéronome engendre une complète réorganisation du milieu physique, institutionnel et symbolique, telle que les capacités autonomes sont paralysées. Se met alors en place ce cercle vicieux divergent qu'Illich a nommé *contreproductivité*. L'appauvrissement des liens qui unissent l'homme à lui-même, aux autres et au monde devient un puissant générateur de demande de substituts hétéronomes, qui permettent de survivre dans un monde de plus en plus aliénant, tout en renforçant les conditions qui les rendent nécessaires. Résultat paradoxal : passés les seuils critiques, plus la production hétéronome croît, plus elle devient un obstacle à la réalisation des objectifs mêmes qu'elle est censée servir : la médecine corrompt la santé, l'école bêtifie, le transport immobilise, les communications rendent sourd et muet, les flux d'information détruisent le sens, le recours à l'énergie fossile, qui réactualise le dynamisme de la vie passée, menace de détruire toute vie future et, *last but not least*, l'alimentation industrielle se transforme en poison.

De ce phénomène de *runaway*, de cette autodérégulation, de cette réaction en chaîne échappant à tout contrôle, Illich croyait qu'on ne pouvait parler qu'en termes religieux. Les hommes sont coupables d'*hybris* et les dieux jaloux leur dépêchent la déesse de la vengeance, *Némésis*[9]. J'ai raconté ailleurs comment le voyage au Mexique, où

9. Ivan Illich, *Némésis médicale. L'expropriation de la santé*, Paris, Éd. du Seuil, 1975.

vivait et officiait Illich, m'a fait passer du rationnel à l'irrationnel, et de l'irrationnel à la raison. J'y ai en effet connu l'un des fondateurs de la cybernétique et, au-delà, des sciences cognitives, Heinz von Foerster. Cette rencontre devait me conduire – ruse d'une histoire personnelle – à devenir l'un des artisans du développement des sciences cognitives en France, non sans garder par rapport à celles-ci une distance critique qui n'a fait que s'accentuer[10]. Il me paraît en tout cas important de souligner que ma démarche ne constitue en rien une critique de la raison moderne, en ce qu'elle est tout entière informée par la science et la technique. Certaines de mes plus grandes joies sont venues de la pratique de la science. L'imagination mathématique m'a tenu lieu de poésie. Quant à la technique, c'est moins pour moi un instrument de toute façon inévitable qu'un motif d'émerveillement et de méditation. Voici quelque chose que Heidegger et les heideggériens n'ont pas compris : la pensée « méditante » peut trouver le mieux à s'exercer sur ces chefs-d'œuvre de la pensée « calculante » que sont aujourd'hui, par exemple, les réseaux neuronaux en intelligence artificielle, ou bien, demain, les ordinateurs quantiques qui révolutionneront nos conceptions du naturel et de l'artificiel.

Non, ce qui est ici en question est la critique du *projet technicien* qui caractérise la société industrielle. J'entends par là la volonté de remplacer le tissu social, les liens de solidarité qui constituent la trame d'une société, par une fabrication ; le projet inédit de produire les relations des hommes à leurs voisins et à leur monde comme on produit des automobiles ou des fibres de verre. L'autoroute, le rein

10. Jean-Pierre Dupuy, *The Mechanization of the Mind. On the Origins of Cognitive Science*, Princeton, Princeton University Press, 2000 ; Id., *Les savants croient-ils en leurs théories ? Une lecture philosophique de l'histoire des sciences cognitives*, Paris, Éd. de l'INRA, coll. « Sciences en questions », 2000.

artificiel et l'Internet ne sont pas seulement des objets ou des systèmes techniques ; ils trahissent un certain type de rapport instrumental à l'espace, à la mort et au sens. C'est ce rapport instrumental, le rêve de maîtrise qu'il recouvre que la critique se doit d'analyser pour en mesurer les effets délétères. Car il ne faudrait pas qu'en voulant dominer la nature et l'histoire par leurs outils, les hommes ne réussissent qu'à se faire les esclaves de leurs outils. Le projet technicien n'est pas neutre : contrairement aux idées reçues, à droite comme à gauche, il ne produit pas le bien ou le mal selon les intentions de ceux qui le gèrent. A l'époque même où la critique illichienne se faisait entendre, le maire de Paris promettait de faire des « autoroutes écologiques » ou « conviviales » et les communistes assuraient que, grâce au socialisme réalisé, chacun passerait deux fois plus de temps que dans la société d'« austérité » à se déplacer dans les transports en commun. Ils ne purent empêcher qu'une société construite autour de ses autoroutes et de ses TGV crée plus de barrières entre les hommes qu'elle n'en supprime.

Critiquer la « modernité » n'aurait pas plus de sens que de critiquer un tsunami ou un cyclone. Comme Tocqueville, il faut dire que son mouvement est « un fait providentiel, il en a les principaux caractères : il est universel, il est durable, il échappe chaque jour à la puissance humaine ; tous les événements, comme tous les hommes, servent à son développement ». « Tous les hommes », et Tocqueville précisait : tant « ceux qui ont combattu pour lui » que « ceux mêmes qui se sont déclarés ses ennemis »[11]. Le philosophe allemand Hans Jonas, dont nous aurons l'occasion de commenter la pensée, lui-même en convient, qui pourtant ne ménage pas son « catastrophisme » : « Dans tout ce contexte, écrit-il dans son *Éthique du futur*, la puissance

11. Alexis de Tocqueville, *De la démocratie en Amérique*, Introduction.

joue un rôle complexe et en partie paradoxal. Source du malheur redouté, elle est en même temps le seul moyen de l'empêcher à l'occasion, car il y faut précisément la mobilisation sans réserve de ce même savoir dont découle la funeste puissance[12]. » L'une des leçons non moins paradoxales de la tragédie du 11 septembre 2001 est que la contestation la plus radicale de la modernité, qui choisit la voie nihiliste de la destruction plutôt que la voie démocratique de la critique, ne peut elle-même mener à bien son entreprise criminelle qu'en se moulant dans la modernité et en exploitant à fond les moyens de sa puissance.

Et cependant, le mode de développement scientifique, technique, économique et politique du monde moderne souffre d'une contradiction rédhibitoire. Il se veut, il se pense comme universel, il ne conçoit même pas qu'il pourrait ne pas l'être. L'histoire de l'humanité, va-t-il même jusqu'à croire dans ses délires les plus autistiques, ne pouvait pas ne pas mener jusqu'à lui. Il constitue la fin de l'histoire, une fin qui rachète en quelque sorte tous les tâtonnements qui l'ont péniblement précédée et par là même leur donne sens. Et pourtant il sait désormais que son universalisation se heurte à des obstacles internes et externes inévitables. « Le modèle de développement suivi par tous les pays jusqu'à aujourd'hui est fondamentalement non durable, au-delà des arguties qui entourent le concept de développement durable. Ce développement fait en effet largement appel à la disposition d'une énergie à bon marché, essentiellement tirée des combustibles fossiles. On sait bien que la quantité disponible à des coûts raisonnables est finie et ne permettra pas le développement prévisible de tous les pays de la planète pendant beaucoup plus d'un siècle. Le changement climatique

12. Hans Jonas, *Pour une éthique du futur*, Paris, Payot-Rivages, coll. « Rivages poche », 1998, p. 104.

induit par l'émission dans l'atmosphère du gaz carbonique résultant de la combustion des ressources fossiles conduit à envisager sérieusement des échéances beaucoup plus proches : c'est un problème dont l'importance à l'échelle de quelques décennies est largement admise. » Ces lignes ne sont pas d'un gauchiste irresponsable. Elles sont signées par l'un des experts français du très officiel Groupe d'experts intergouvernemental sur l'évolution du climat (GIEC) [13], mis en place par l'Organisation météorologique mondiale et le programme des Nations unies pour l'environnement : Michel Petit, membre du Conseil général des technologies de l'information, qui fut longtemps le directeur de la recherche de l'École polytechnique [14].

Dès lors, il faut que la modernité choisisse ce qui lui est le plus essentiel : son exigence éthique d'égalité, qui débouche sur des principes d'universalisation, ou bien le mode de développement qu'elle s'est donné. On ne peut à la fois vouloir conserver son morceau de gâteau et le manger. Ou bien le monde actuellement développé s'isole, ce qui voudra dire de plus en plus qu'il se protège par des boucliers de toutes sortes contre des agressions que le ressentiment des laissés-pour-compte concevra chaque fois plus cruelles et plus abominables ; ou bien s'invente un autre mode de rapport au monde, à la nature, aux choses et aux êtres, qui aura la propriété de pouvoir être universalisé à l'échelle de l'humanité.

13. Ce groupe est plus connu sous son sigle anglais, IPCC (International Panel on Climate Change).

14. Communication au Conseil général des technologies de l'information, 22 octobre 2001.

2. Le détour, la contreproductivité et l'éthique

The horror, the horror.

Joseph Conrad,
In the Heart of Darkness.

La critique sociale du capitalisme et, au-delà, de la société industrielle a souvent pris pour cible la rationalité instrumentale, ou plutôt le monopole que celle-ci exercerait sur la raison moderne. De l'impérialisme de la raison instrumentale résulterait ce qu'on appelle, depuis Max Weber, le « désenchantement du monde », le ravalement de tout être et de toute chose au statut de simple moyen au service d'une fin qui le dépasse, l'instrumentalisation de la nature, etc. On trouve ce type de critique dans des pensées aussi diverses que le marxisme, la critique heideggérienne de la technique, l'école de Francfort, la pensée « post-moderne » et la déconstruction philosophique, l'écologie politique ou l'environnementalisme. Je voudrais montrer que l'on se trompe ainsi de cible.

Par contraste, Illich aura proposé une critique puissamment originale du mode industriel de production. Ce qui définit ce dernier, selon lui, ce ne sont pas des rapports de production, selon la caractérisation marxiste du capitalisme, ni même un certain type de rapport technique à la nature. Au fondement, on trouve la *logique du détour*. Cette logique, elle-même, a ses racines dans le religieux.

L'œuvre d'un des grands théoriciens contemporains du choix rationnel, Jon Elster[15], nous servira de point de départ. Elster met en évidence les affinités électives qui relient le capitalisme au système philosophique de Leibniz. Il défend, comme l'auteur de la *Théodicée*, la thèse que l'être humain se caractérise par sa capacité de faire des détours pour mieux atteindre ses fins. Il sait faire un détour pour aller plus vite, se retenir temporairement de consommer et investir pour accroître sa consommation globale, refuser une occasion favorable afin d'attendre une occasion plus favorable encore, etc. Pour les éthologistes, cette capacité définit l'intelligence ; elle semble intimement liée à la rationalité instrumentale.

La philosophie de l'action mise en place par la théorie économique est conforme à cette thèse, puisque, selon elle, agir rationnellement, c'est maximiser une certaine grandeur. Elster insiste sur le fait que ce principe de maximisation doit être compris comme impliquant une maximisation *globale*, et non simplement locale. Supposons que l'on soit en un pic du paysage abstrait sur lequel, par la pensée, l'on raisonne. Un pic plus élevé se dresse à quelque distance. Si l'on ne se contente pas d'une maximisation locale, alors il faudra bien consentir à descendre avant de remonter. L'attitude contraire reviendrait à commettre ce que l'on appelle en anglais la *first step fallacy*, ou sophisme du premier pas. Celui qui veut atteindre la Lune et dont les efforts le font se retrouver au sommet

15. Jon Elster, *Leibniz et la Formation de l'esprit capitaliste*, Paris, Aubier Montaigne, 1975 ; Id., *Ulysses and the Sirens. Studies in Rationality and Irrationality*, Cambridge, UK, Cambridge University Press, 1979.

d'un arbre doit se résoudre à remettre pied à terre avant de recourir à une technique plus efficace [16].

Elster suggère que ce que nous appelons Raison est ici tout entier informé par le religieux et l'éthique. Elster, comme nombre d'autres auteurs [17], a cherché à juste titre dans la *Monadologie* et la *Théodicée* leibniziennes les sources du rationalisme moderne. En voyant l'homme comme cet être singulier qui est capable de « reculer pour mieux sauter », Leibniz en fait, sur ce point, l'image fidèle de son Créateur. Pour réaliser le meilleur des mondes possibles, Dieu a dû, en effet, consentir à y laisser une dose de mal, sans quoi le monde réel eût été globalement plus mauvais encore. Tout ce qui apparaît comme mal du point de vue fini de la monade individuelle est, du point de vue de la Totalité, un sacrifice nécessaire pour le plus grand bien de cette dernière. Le mal est toujours sacrificiel en ce sens, et le sacrifice est un détour. Louis Dumont caractérise la forme de la théodicée par la formule suivante : « Le bien doit contenir le mal tout en étant son contraire [18]. » Le verbe « contenir », ici, a le sens d'« englober », et la forme paradoxale ainsi décrite est ce que Dumont nomme « hiérarchie » – en donnant à ce terme son sens étymologique d'ordre propre au sacré –, qu'il définit comme « englobement du contraire ». J'ai montré ailleurs qu'à condition d'entendre sous le mot « contenir » son double sens d'« englober » *et* de « mettre en échec », « faire barrage à », la forme de la théodicée était celle-là même qu'Adam Smith donne à ce qu'il appelle la « main invisible » [19].

16. Certains mauvais esprits, en France, verront ici une allégorie des « pics » techniques Minitel et Internet.

17. Voir surtout Alain Renaut, *L'Ère de l'individu*, Paris, Gallimard, 1989.

18. Louis Dumont, *Essais sur l'individualisme*, Paris, Éd. du Seuil, 1983, p. 242-243.

19. Jean-Pierre Dupuy, « De l'émancipation de l'économie : Retour sur "Das Adam Smith Problem" », *L'Année sociologique*, vol. 37, 1987,

Rationalité instrumentale, justification du mal, logique économique : ces trois formes seraient étroitement solidaires et constitueraient la matrice de la Raison moderne. La rationalité économique est d'abord une économie morale : c'est la gestion rationnelle du sacrifice. Le sacrifice est un « coût de production » : c'est le détour indispensable à l'obtention du maximum de bien net [20].

Je défends la thèse suivante. La logique du détour constitue, en effet, un élément clé de l'« idéologie [21] » moderne et le cœur de la rationalité économique. Cependant, si l'on quitte les représentations que l'homme se donne de lui-même : 1) loin que la capacité de faire un détour soit une propriété essentielle de l'être humain, elle lui est refusée dans des domaines fondamentaux de son activité, ou bien elle y est très difficilement mobilisable ; 2) loin que cette capacité, lorsqu'elle est effectivement présente, constitue un « avantage adaptatif [22] », elle peut se révéler le principal obstacle à la mise en œuvre de la rationalité instrumentale, dont des analyses trop sommaires affirment pourtant qu'elle est étroitement solidaire.

Plus précisément : la logique du détour, en éthique, paraît profondément haïssable aux habitants de nos contrées ; la critique illichienne de la société industrielle met en évidence qu'elle peut être, au plus haut point,

---

p. 311-342 ; repris in *Le Sacrifice et l'Envie. Le libéralisme aux prises avec la justice sociale*, Paris, Calmann-Lévy, 1992, chap. III.

20. Cf. Id., « On the Rationality of Sacrifice », document de travail CREA, soumis pour publication.

21. Au sens que Louis Dumont donne à ce terme, sans la moindre référence à une volonté délibérée d'occulter la vérité des rapports sociaux ou à une « fausse conscience ». L'idéologie est le système d'idées et de valeurs qui gouverne l'imaginaire d'une société donnée.

22. Jon Elster va même jusqu'à écrire qu'en créant l'homme – cet être capable de raisonner stratégiquement et de ne pas se contenter de maxima locaux –, la sélection naturelle s'est « transcendée elle-même » (*Ulysses and the Sirens*, *op. cit.*, p. 16.)

contreproductive. J'aborderai d'abord ce dernier point avant d'en venir à la question de l'éthique.

Ce que la critique illichienne met en cause n'est pas, à proprement parler, la logique du détour en tant que telle, mais l'emprise qu'elle exerce sur les esprits. Celui qui est animé par l'esprit du détour peut se laisser prendre à son piège et en venir à perdre de vue que le détour n'est, précisément, qu'un détour. Celui qui recule pour mieux sauter garde les yeux fixés sur l'obstacle qu'il entend franchir. S'il recule en regardant dans la direction opposée, il risque d'oublier son objectif et, tenant sa régression pour un progrès, de prendre les moyens pour les fins. La rationalité, alors, devient *contreproductivité*, elle prend la forme du supplice de Tantale. Le critère qui permet de mettre en évidence ce retournement tragique n'est autre que celui de l'adéquation optimale des moyens aux fins, c'est-à-dire la rationalité instrumentale elle-même. Elle ne saurait donc être l'accusée.

J'ai, dans les années soixante-dix, travaillé avec Illich à une critique de ce type, dont l'objectif, précisément, était de mettre en évidence la contreproductivité des grandes institutions de nos sociétés : école, médecine, transports, etc. [23]. La radicalité de la critique s'accompagnait de dérision, qui était, à l'époque, une arme efficace. Elle fait aujourd'hui long feu : une société qui tremble pour l'avenir de ses enfants ne sait plus rire des travers qui l'accablent. Je reviens ici sur un élément de cette critique qui, bien que périphérique, me semble illustrer parfaitement la distinction que je viens d'établir : l'esprit du détour peut devenir un obstacle majeur à la mise en œuvre de la rationalité instrumentale. J'ai, à l'époque, procédé avec mon équipe à des

23. Cf. Ivan Illich, *Énergie et Équité*, 2e éd., Paris, Éd. du Seuil, coll. « Techno-critique », 1975 ; avec une annexe de J.-P. Dupuy, « A la recherche du temps gagné ».

calculs bizarres mais rigoureux [24], qui ont conduit aux résultats suivants : le Français moyen consacrait plus de quatre heures par jour à sa voiture, soit qu'il se déplaçât d'un point à un autre dans son habitacle, soit qu'il la bichonnât de ses propres mains, soit, surtout, qu'il travaillât dans des usines ou des bureaux afin d'obtenir les ressources nécessaires à son acquisition, à son usage et à son entretien. Revenant récemment sur les données que nous avions rassemblées pour faire ce calcul, j'en suis venu à la conclusion que la situation présente est sans doute pire que celle d'il y a vingt ans [25].

Si l'on divise le nombre moyen de kilomètres parcourus, tous types de trajets confondus, par cette durée (ou « temps généralisé »), on obtient quelque chose de l'ordre d'une vitesse. Cette vitesse, que nous avons nommée « généralisée », est d'environ sept kilomètres à l'heure, un peu plus grande, donc, que la vélocité d'un homme au pas, mais sensiblement inférieure à celle d'un vélocipédiste [26]. J'ai qualifié de « bizarre » le calcul en question. Il convient cependant de noter qu'il relève de la même problématique que les calculs auxquels procèdent les ingénieurs-économistes lorsque, devant comparer, par exemple, les avantages nets respectifs de deux modes de transport, ils établissent des « coûts généralisés » qui font intervenir une « valeur du temps ». Celle-ci étant en général calée sur le

24. J'ai bien peur de n'avoir été, dans tout cela, que celui qui « mettait Illich en équations ». Là où celui-ci s'en tenait obstinément au langage religieux, je recourais non moins obstinément à la logique et aux mécanismes. Je m'en explique dans l'« Introduction » à mon *Ordres et Désordres*, Paris, Éd. du Seuil, 1982.

25. Jean-Pierre Dupuy, « Le Travail contreproductif », *Le Monde de l'économie*, 15 octobre 1996.

26. La comparaison, pour être juste, exige que l'on prenne en compte non pas la vitesse moyenne effective de la bicyclette, mais bien sa vitesse généralisée. Cependant, le coût d'acquisition et les coûts d'usage et d'entretien de ce moyen de déplacement étant des plus modestes, la différence entre les deux grandeurs est minime.

salaire horaire, le temps généralisé que nous avons calculé n'est autre que le coût généralisé des ingénieurs-économistes divisé par la valeur du temps. Au lieu de convertir les durées en unités monétaires, nous avons converti les coûts en unités de temps.

Le résultat obtenu, *arithmétiquement*, signifie ceci : le Français moyen, privé de sa voiture, donc, supposons-le, libéré de la nécessité de travailler de longues heures pour se la payer, consacrerait moins de « temps généralisé » au transport s'il faisait tous ses déplacements présents à bicyclette – nous disons bien : *tous* ses déplacements, non seulement ceux qui lui font quotidiennement franchir l'espace qui sépare son domicile de son travail, mais aussi ceux qui, le week-end, le conduisent à sa distante maison de campagne et, les vacances venues, vers les rivages dorés d'une lointaine riviera. Ce scénario « alternatif » serait jugé par tous absurde, intolérable. Et cependant, il économiserait du temps, de l'énergie et des ressources rares, et il serait doux à ce que nous nommons l'environnement. Où donc est la différence qui fait que, dans un cas, l'absurdité de la situation est patente, alors qu'elle reste masquée dans l'autre ? Car enfin, est-il moins comique de travailler une bonne partie de son temps pour se payer les moyens de se rendre à son travail ?

Le calcul précédent tient pour acquis l'équivalence entre une heure de transport et une heure de travail, l'une et l'autre étant comptées comme de simples moyens au service d'une fin autre. Cette équivalence est celle-là même qui inspire les calculs des ingénieurs-économistes. On peut la contester, mais il faut remarquer d'abord qu'elle ne fait pas autre chose que de prendre au sérieux la logique du détour de production. Pas plus le travail que le transport ne sont des fins en eux-mêmes. Le calcul économique se donne pour mission de comptabiliser rigoureusement la peine des hommes afin de permettre aux gestionnaires de rendre cette peine, globalement, aussi faible que possible. Or l'étymologie révèle qu'aussi bien le *travail* que le transport (à condition de le dire en anglais : *travel*) sont sources de peines et de tourments : les deux mots, « travail » et *travel*, sont des doublons, issus l'un et l'autre de cet instrument de torture à trois pieux que l'on nommait au Moyen Age *tripalium*.

En vérité, si l'absurdité nous est cachée, d'un mode de vie et d'une structuration de l'espace-temps social qui conduisent tant de gens à consacrer tant de temps généralisé à leurs déplacements pour une efficacité moyenne si faible, c'est qu'ils substituent du temps de travail au temps de transport. Ce travail n'est, en principe – ce principe que nous nommons le détour de production –, qu'un moyen au service d'un transport plus rapide et plus efficace, transport qui, à son tour, n'est qu'un moyen au service d'autre chose – par exemple, « rapprocher les êtres qui s'aiment », pour citer la première publicité du Concorde. Fidèle (pour mieux en révéler le caractère idéologique) à la logique du détour, le calcul que nous avons fait montre que le temps passé à concevoir et à fabriquer des engins puissants prétendument capables de faire « gagner du temps » fait beaucoup plus qu'annuler le temps qu'ils économisent effectivement. Le lièvre s'affaire fébrilement dans les bureaux d'études et sur les chaînes de montage, mais, comme dans la fable, c'est la tortue qui arrive bonne première. Las ! C'est une espèce en voie de disparition. L'*économie*, ce serait économiser la peine et les efforts des hommes ? Quelle naïveté ! Qui ne voit que tout se passe comme si l'objectif était, au contraire, de les occuper sans relâche, quitte à les faire piétiner, de plus en plus vite, sur place ?

Dès lors que le travail est divisé, il constitue le détour de production par excellence. On voit, par exemple, certains travailler à produire des engins de mort pour obtenir des ressources qui leur permettront d'accéder aux services d'une médecine coûteuse, et cela pour produire une valeur – leur santé – qu'ils auraient pu produire, dans une large mesure, de façon autonome, en menant une vie plus saine et hygiénique. L'esprit du détour de production a été si bien perverti par la société industrielle et la division du travail extrêmement poussée qui la caractérise, que le détour, sa longueur, l'énergie dépensée à le parcourir deviennent des fins en soi et des objectifs recherchés pour eux-mêmes. C'est bien pourquoi le calcul de la vitesse généralisée de l'automobile déclenche un malaise dans beaucoup d'esprits : le calcul y traite le travail en *input*, alors que le travail, sous sa forme d'emploi salarié, est devenu l'*output* par excellence. Encore une fois, les seuls qui devraient prendre ce calcul au sérieux sont les économistes professionnels. Des productions que l'on s'accorde à juger superflues ou même nuisibles sont légitimées par le travail qu'elles fournissent à la population. A la réduction de la durée de vie des objets, aux gaspillages destructeurs de ressources naturelles non renouvelables, forts consommateurs d'énergie et grands pollueurs de l'environnement, personne n'ose remédier car ils garantissent l'emploi. Lorsque, à l'époque où nous faisions ce calcul, un syndicat ouvrier, en France, exigeait violemment que le programme Concorde fût poursuivi, doit-on penser qu'il cherchait ainsi à hâter l'avènement de la société sans classes dans laquelle tous les ex-prolétaires voleraient en supersonique ? Non, bien sûr, c'est le travail qu'il défendait. Lorsque, à peu près à la même époque, un autre syndicat ouvrier justifiait la réduction des inégalités sociales au motif que cela accroîtrait la « consommation populaire » et donc relancerait la croissance, et par là même le travail nécessaire, doit-on juger qu'il confondait la fin et les moyens ? Non, la finalité de la société industrielle est bien de produire du détour de production, c'est-à-dire du travail.

Si le détour de production est la marque de l'intelligence, alors la société industrielle est bête d'être trop intelligente – bête à en crever. Voilà en tout cas ce que je tenais pour vrai il y a vingt ans, alors que je collaborais avec Illich. Je serais aujourd'hui plus circonspect, non que mes croyances aient vraiment changé, mais pour des raisons prudentielles ou pratiques. Il m'apparaît que cette folie collective que nous appelons croissance économique mondiale a une dimension « providentielle », au sens de Tocqueville – comme si la transformation, même violente et délétère, de notre planète en un seul monde manifestait un projet dont la source et le sujet restent un profond mystère. Mais il y a un point sur lequel ma révolte n'a pas faibli. Que les technocrates qui prétendent nous gouverner – de façon suave et pédagogue, ou bien brutale et péremptoire, cela ne change rien à l'affaire – fassent passer pour diktats de la Raison ce qui n'est que le comble, tragicomique, de l'absurde, voilà ce que le rationaliste qu'en dépit de tout je reste ne pourra jamais tolérer.

J'en viens à la question de l'éthique. L'éthique que je considère est notre éthique de « sens commun », ancrée dans les traditions religieuses et philosophiques propres à notre culture. Les intuitions qui la constituent sont en grande partie *déontologiques*, au sens où elles se traduisent par des interdits et des obligations absolus, c'est-à-dire qui s'imposent indépendamment de savoir ce qu'il en coûte, en termes de conséquences pour soi et pour le monde, de les respecter. Elles tiennent, dans une veine rousseauiste et kantienne, que la plus haute faculté morale, l'autonomie, est celle qui consiste à limiter son individualité en se donnant à soi-même une loi ou règle impartiale, transcendante et fixe, et à s'y tenir. La morale de sens commun est aussi une morale des intentions qui évalue la valeur d'un acte à sa conformité à des normes, en faisant l'impasse sur l'évaluation des conséquences.

Il est instructif de noter ce qu'une telle éthique peut avoir de choquant pour une doctrine morale – car il en existe –

conforme au principe du détour de production. Je considérerai le cas des doctrines dites *conséquentialistes* dont la variante utilitariste est spécialement proche du mode de pensée économique. Le conséquentialisme prescrit à chacun de toujours agir de façon à contribuer à la maximisation d'une grandeur globale qui fait intervenir l'ensemble des intérêts concernés, indépendamment de l'identité des personnes dont ce sont les intérêts [27]. La rationalité conséquentialiste est donc, comme la rationalité économique, une rationalité instrumentale – les moyens trouvent leur raison dans les fins. Ce n'est certes pas la rationalité économique, puisqu'elle incarne un idéal d'impartialité étranger à cette dernière. Cependant, ce qui m'intéresse ici n'est pas directement le rapport entre économie et éthique, mais le fait qu'une doctrine *déjà* éthique qui respecte le principe de maximisation heurte frontalement nos convictions morales les mieux ancrées [28].

Au départ, des convictions morales très fortes : le meurtre est un mal, ainsi que le mensonge, ou encore le fait de ne pas tenir ses promesses. La morale ordinaire édifie sur ces convictions un système d'interdits et d'obligations qui s'impose absolument à chaque agent : tu ne tueras point ; tu respecteras tes engagements, etc. Mais, affirme le conséquentialisme, s'il est mal pour un agent de commettre un meurtre, et s'il est bien d'honorer ses promesses, le monde sera d'autant meilleur que le nombre d'agents commettant des meurtres sera moins élevé, et celui des agents qui tiennent leurs engagements, plus fort. C'est là une exigence de rationalité maximisatrice qui, en soi, n'est pas morale, est même antérieure à et indépen-

27. La variante utilitariste du conséquentialisme est celle qui adopte pour grandeur globale à maximiser la somme algébrique des peines et des plaisirs.

28. Cf. Jean-Pierre Dupuy, « Éthique et rationalité », *in* Monique Canto-Sperber (éd.), *Dictionnaire d'éthique et de philosophie morale*, PUF, 1996.

dante de toute moralité, mais qui, greffée sur nos convictions concernant le bien et le mal, engendre le principe conséquentialiste : il faut viser à accroître le bien, et à diminuer le mal, *globalement* dans le monde [29]. Or il se trouve que dans des cas exceptionnels, qui constituent autant de dilemmes pour la réflexion éthique, la visée maximisatrice globale prescrit de transgresser les interdits et de se soustraire aux obligations de la morale de sens commun. Celle-ci, du point de vue du conséquentialisme, se trouve donc dans la position paradoxale d'avoir à refuser absolument ce qui, globalement, minimiserait le mal et maximiserait le bien, et ce au nom d'interdits et d'obligations qui n'ont pas d'autre justification que d'empêcher ce mal et de favoriser ce bien. « Tu ne tueras point », soit. Mais si, en tuant un innocent, j'évite que vingt-deux autres innocents soient tués ? Si vraiment je considère que le meurtre d'un innocent est une chose abominable, alors l'interdit qui frappe le meurtre, dans ce cas, apparaît contraire à la raison. La morale traditionnelle (chrétienne, kantienne, déontologique) semble donc coupable d'irrationalisme. Elle refuse de « reculer pour mieux sauter » ; elle n'accepte pas la logique du sacrifice ; elle rejette le principe du détour.

Lorsque des auteurs critiques de l'utilitarisme, tel Robert Nozick, cherchent à mettre celui-ci dans l'embarras, ils recourent fréquemment à des cas du type suivant : « Une populace en furie, saccageant, brûlant et tuant tout sur son passage, violera évidemment les droits de ses victimes. En conséquence, quelqu'un pourrait être tenté de justifier le châtiment d'une personne qu'il sait être étrangère au crime qui a déchaîné la foule, en arguant que cette punition d'un innocent permettrait d'éviter d'encore plus

29. Cf. Samuel Scheffler, *The Rejection of Consequentialism*, Oxford, Oxford University Press, 1982 ; et Samuel Scheffler (éd.), *Consequentialism and its Critics*, Oxford, Oxford University Press, 1988.

grandes violations des droits de l'homme, et rapprocherait la communauté de l'optimum global défini par la minimisation de ces violations[30]. » L'argument semble être que, puisqu'il n'y a rien qui nous fasse plus horreur que le fait de livrer un innocent en pâture à une populace, l'utilitarisme, qui justifie cela, doit être condamné. Mais faut-il aussi condamner les principes les plus basiques de ce que nous appelons Raison ? La situation mise en scène par Nozick n'est autre que le choix de Caïphe, et c'est bien à la pure raison de ses interlocuteurs que celui-ci s'adresse lorsqu'il lance aux grands prêtres et aux pharisiens : « *Vous n'y entendez rien.* Vous ne voyez pas qu'il vaut mieux qu'un seul homme meure pour le peuple et que la nation ne périsse pas tout entière » (Jean 11,49-50).

Cependant, bien téméraire l'utilitariste qui recommanderait de condamner la morale de sens commun sans autre forme de procès. Il y a incompatibilité radicale entre éthique déontologique et doctrine conséquentialiste, et c'est la question de la rationalité du détour (qui se nomme ici *sacrifice*) qui les tient irrémédiablement séparées. C'est dans le religieux qu'on peut, une fois encore, trouver la clé de cet écart. Le Dieu de Leibniz se situe, en vérité, aux antipodes de celui qui s'exprime dans les Évangiles : « Quel homme d'entre vous, s'il a cent brebis et qu'il en perde une, ne laisse les quatre-vingt-dix-neuf dans le désert pour aller après celle qui est perdue, jusqu'à ce qu'il la trouve ? » (Luc 15,4 ; Matthieu 18,12-14). Cette leçon est foncièrement anti-économique en ce qu'elle inverse rigoureusement les termes de la problématique sacrificielle[31] : le désert est le lieu où, traditionnellement, le

30. Robert Nozick, *Anarchy, State, and Utopia*, New York, Basic Books, 1974.

31. Inversion mise en scène de façon bouleversante par Steven Spielberg dans son *Saving Private Ryan*. Le capitaine Miller, qui est animé d'un esprit utilitariste, donc sacrificiel – il ne cesse de peser les vies qu'il envoie au

bouc émissaire est abandonné au démon Azazel pour que la communauté puisse vivre[32]. Je soupçonne la leçon en cause d'inspirer fortement la répugnance extrême de la morale de sens commun envers la logique du détour.

Je viens de mettre en scène le conflit entre la logique économique, maximisatrice et donc sacrificielle, et la morale de sens commun qui, au moins en certaines circonstances, rejette le détour sacrificiel. C'est dans ce heurt entre deux exigences normatives que je vois la clé d'un paradoxe que de nombreux analystes ont noté. Les sociétés modernes jouissent d'un degré de sécurité inégalé dans l'histoire et cependant elles se vivent de plus en plus comme des « sociétés à risques[33] ». Leur sensibilité au malheur n'aurait aucun rapport avec l'importance objective des maux dont elles se plaignent. La perception « subjective » serait déconnectée de l'appréhension scientifique et rationnelle des risques. De là à conclure que la première est irrationnelle dans son « aversion au risque » et que l'éducation scientifique et technique du peuple devrait lui permettre de comprendre ce qu'on ne lui a pas encore suffisamment ou assez bien expliqué, il n'y a qu'un pas que l'élite technocratique n'hésite parfois pas à franchir. Cette psychologie d'amateur convainc pourtant peu, et c'est à un autre niveau qu'il faut se situer.

---

carnage par rapport à celles, « dix fois plus nombreuses », qu'il sauve ainsi –, est envoyé en mission pour sauver un soldat, un unique soldat, presque anonyme (les Ryan pullulent dans l'armée américaine), pour la vie duquel il va donner (non sacrifier) celle de la plupart de ses hommes, et la sienne propre. Le film montre admirablement comment cette mission, que lui et ses hommes jugent d'abord insensée, leur apparaît peu à peu comme la seule qui puisse donner sens à leur combat.

32. Voir la belle méditation de Michel Serres, « One God or a Trinity ? », *Contagion. Journal of Violence, Mimesis, and Culture*, vol. 1, printemps 1994.

33. Ulrich Beck, *Risk Society : Towards a New Modernity*, Londres, Sage, 1992 ; Id., *World Risk Society*, Cambridge, UK, Polity Press, 1999.

Considérons tous ceux qui, dans nos sociétés riches, trouvent porte close devant le principal accès à la reconnaissance sociale : le travail ; qui se voient refuser ce minimum que même l'homme primitif avait su s'assurer pour lui-même : un abri ; tous ceux en qui peut-être sommeillait un artiste, un poète, un musicien, ou tout simplement un ingénieur ou un informaticien, et qui n'auront jamais la possibilité de développer leurs talents faute de l'apprentissage nécessaire : ce sont les « exclus », c'est du moins l'étiquette que l'on leur colle. Mais, exclus, le sont-ils *au moins pour* quelque chose ?

Les deux expressions soulignées, « au moins » et « pour », font toute la difficulté de la question. C'est sur elles que j'axe ma réflexion.

Le « au moins » nous fait aujourd'hui frémir, mais il n'en a pas toujours été ainsi. A supposer que le mal particulier fût au service d'un bien prétendu universel, loin que cela constitue une circonstance atténuante, l'horreur de la situation en serait pour nous aggravée. Dans les années soixante-dix, le sociologue américain Peter Berger consacra un ouvrage aux idéologies incarnées dans l'histoire moderne qui ont justifié l'asservissement généralisé et la destruction massive au nom d'un avenir radieux. Il lui donna pour titre : *Pyramids of Sacrifice*. Ainsi, selon lui, ces chefs-d'œuvre dévoyés de la rationalité instrumentale – qui veut la fin veut les moyens – rejoignaient les atrocités commises à Tenochtitlán et ailleurs au nom d'une divinité assoiffée de sang. Kant, déjà, trouvait inconcevable que la marche de l'humanité pût ressembler à la construction d'une demeure que seule la dernière génération aurait le loisir d'habiter. Le triomphe d'*homo faber* dans les affaires humaines, si magistralement analysé par Hannah Arendt, nous est devenu intolérable.

L'exclusion sociale et la misère produites par la richesse économique relèvent-elles de la logique de la fin et des moyens ? Ou, pour le dire dans les termes de Peter Berger, les exclus sont-ils des victimes sacrificielles ? Comme lui, j'utilise le mot de « sacrifice » comme métaphore de son acception religieuse, en revenant à la définition qu'en donnait Marcel Mauss : dans le sacrifice, la communication avec une entité supérieure s'établit par l'intermédiaire d'une victime. Si on explique l'exclusion en termes de *vol*, comme a pu le faire le marxisme vulgaire, la définition n'est évidemment pas satisfaite. Certains ont moins *pour que* les autres aient plus, mais en guise d'entité supérieure on n'a ici que l'intérêt égoïste de ces derniers. Même conclusion si l'on affirme que les exclus n'ont que ce qu'ils méritent, à l'instar d'un libéralisme non moins vulgaire.

La grande pensée libérale d'inspiration économique, celle qui va d'Adam Smith à Friedrich von Hayek, n'a pas hésité à interpréter les maux commis par le marché comme des sacrifices qu'il faut savoir accepter au nom d'un intérêt supérieur. Dans le marché selon Hayek, par exemple, on souffre beaucoup : les gens ne trouvent pas de travail ou perdent leur emploi, les entreprises font faillite, les fournisseurs sont abandonnés par leurs clients de longue date, les spéculateurs jouent gros et perdent tout, les produits nouveaux font un bide, les chercheurs, malgré de longs et pénibles efforts, ne trouvent rien, etc. Ces sanctions tombent comme des coups du sort, injustifiées, imprévisibles, incompréhensibles. La sagesse, cependant, est de « s'abandonner aux forces obscures du processus social ». Celui-ci, en effet, est mû par une spontanéité bienfaisante et doté d'un savoir inaccessible à tout sujet individuel. Tenter de s'opposer à sa dynamique au nom de la justice sociale ou de la réparation des ravages qu'il produit en chemin, c'est lâcher l'ombre providentielle pour une proie insaisissable parce que illusoire. Objecterez-vous à un hayékien que le capitalisme a fabriqué la misère en généralisant une forme de pauvreté inconcevable dans les sociétés traditionnelles, puisqu'elle conjoint la pauvreté matérielle et l'abandon à son propre sort – paradoxe inouï que Marx lui-même n'aura pas réussi à démêler ? –, il vous sera répondu que si le capitalisme, en effet, a multiplié les pauvres, c'est qu'il a permis à un plus grand nombre d'entre eux de vivre, c'est-à-dire de survivre. Tout se passe, écrit Hayek, comme si l'évolution procédait à un véritable « calcul vital » : elle sait *sacrifier* certaines vies ici et maintenant si cela la conduit à accroître le flux vital dans son ensemble. Prenez par ailleurs un individu au hasard et demandez-vous dans quelle société les chances qu'il a de mener une vie pleine et heureuse sont maximisées. Pour Hayek, il ne fait aucun doute que c'est dans celle qui aura su rendre à sa liberté naturelle l'« ordre spontané » du marché.

La philosophie morale de Hayek, pas plus que celle d'Adam Smith, n'est à proprement parler utilitariste ou conséquentialiste. Le fait qu'une action soit approuvée n'a chez eux rien à voir avec sa contribution à l'« utilité générale », à la reproduction de la société, etc. Cependant, si les hommes ne sont pas utilitaristes dans ces chefs-d'œuvre de la pensée économique, Dieu, la Nature, l'Évolution, etc., le sont pour eux. La Raison ne les éclaire pas directement, elle agit par ruse. C'est dans la pensée économique que Hegel a puisé le schéma de la ruse de la Raison. Comme je l'expliquais ci-dessus, cette figure de l'individualisme moderne a pour matrice la monadologie leibnizienne, inséparable de la théodicée : il y a du mal dans le monde, mais, sans ce mal, le bien ne serait pas maximisé, le monde ne serait pas le meilleur des mondes possibles.

Il y a donc, je le répète, beaucoup de cohérence dans ces représentations que la modernité se donne d'elle-même, et la pensée économique les inspire de part en part. La question intéressante est : cette cohérence recouvre-t-elle l'ensemble de nos exigences normatives ? La réponse est évidemment négative. Peu de responsables seraient prêts à invoquer aujourd'hui une entité supérieure qui justifierait que l'on se déleste en chemin des plus faibles ou à voir dans les exclus de la société industrielle des victimes sacrificielles, c'est-à-dire un mal nécessaire. Quand le mal servait le bien, il était par là même justifié. Quand le mal se trouve privé de sens, il devient intolérable. L'affaiblissement des schèmes de justification sacrificiels renvoie désormais au non-sens bien des maux qui accompagnent la croissance de l'activité économique.

Ainsi s'explique selon moi que le sentiment d'insécurité se fasse plus profond et plus diffus alors que, nous dit-on, jamais la sécurité n'a été aussi grande. L'explication que je propose est morale. J'y ajouterai cependant une donnée structurelle. Il se peut que nos sociétés, vues au prisme des statistiques, soient plus sûres que celles qui les ont précédées. Mais c'est essentiellement parce qu'elles savent différer toujours plus des menaces toujours plus effroyables. Un poids d'horreur tendant vers l'infini s'attache à un avenir lui-même repoussé vers un horizon indéfini. Notre présent se croit à l'abri dans l'ombre portée par cette masse future, mais c'est cela même qui le rend sombre. Pendant la guerre froide, la dissuasion brandissait la menace d'apocalypse nucléaire pour éviter qu'elle ne fût mise à exécution. La paix nucléaire, cet oiseau fragile, se blottissait dans ce nid paradoxal. D'autres menaces, non moins redoutables, sont depuis apparues à l'horizon. La sécurité présente, toute relative au demeurant, résulte de ce que leur exécution a été jusqu'ici constamment retardée. Le « principe de précaution », nous le verrons, entend se limiter aux « risques potentiellement graves mais non apocalyptiques ». D'emblée, il suppose le problème résolu, comme on dit en mathématiques, puisqu'il postule que ces risques peuvent être pensés indépendamment du destin apocalyptique dont ils sont les signes annonciateurs. Il sépare ce qui ne peut être dissocié. C'est à bon compte qu'il entend rassurer.

3. La fatalité, le risque et la responsabilité

> L'individu n'est qu'écume sur la vague, la grandeur simple hasard, la maîtrise du génie un jeu de poupées... Qu'est-ce qui en nous ment, tue et vole ?
>
> Georg Büchner, lettre à sa fiancée.
> Giessen, mars 1834.

Le mal qui fond, tel l'oiseau de proie, sur les hommes provient de tout temps de la nature et de l'homme lui-même persécutant son semblable. La peste, la famine et la guerre étaient les causes de mort violente dont le développement des forces productives et le progrès de la sagesse humaine, espérait-on, viendraient un jour à bout. L'impuissance des hommes à maîtriser les origines du mal leur inspirait l'idée que le destin, la fatalité, la volonté d'un dieu étaient les auteurs des drames qui les frappaient. Les maux qui touchent les sociétés industrielles donnent à beaucoup le sentiment que la fatalité tragique est de retour. Le terme de « risque » appliqué au réchauffement climatique ou aux catastrophes industrielles ou sanitaires leur paraît déplacé : si risque il y a, ils se demandent bien qui l'a *pris*. Parce que ces esprits libres paraissent en revenir à une interprétation religieuse ou mystique du monde, on leur adresse le reproche d'archaïsme. D'ailleurs, ajoute-t-on, n'est-ce pas parce que plus personne ne croit à la fatalité, et que l'on cherche partout des responsabilités humaines, que les « nouveaux risques » sont jugés intolérables ?

Je voudrais dans ce livre plaider en faveur d'une interprétation « fataliste » des maux qui nous assaillent. Ce fatalisme n'est pas celui qu'appelle un développement insuffisant des forces productives, un manque de puissance ; c'est celui qui résulte d'un excès de puissance, plus précisément de l'impuissance à maîtriser la puissance. « Ce n'est plus comme jadis la nature, mais justement notre pouvoir sur elle, qui désormais nous angoisse, écrit Hans Jonas, – et pour la nature et pour nous-mêmes [34]. » Le mal est cette fatalité, mais il est aussi le remède. Comme remède, le nom qui lui convient est plutôt ce que les Anciens nommaient la *moire*, c'est-à-dire le destin qui fixe des limites à l'exercice et à l'accomplissement de la volonté humaine. Il convient auparavant d'en revenir au tableau des origines du mal que nous avons esquissé et d'apprécier le bouleversement qu'y introduit notre situation présente.

La nature et la persécution n'épuisent pas l'économie traditionnelle du mal. Une troisième origine a toujours été présente dans les esprits, et si l'on cherche à découvrir les sources et le rôle du sacré, c'est vers elle qu'il faut probablement se tourner. Voici comment Illich la présentait, en conclusion de sa *Némésis médicale* :

> L'homme est un animal capable de supporter patiemment les épreuves et d'en tirer les leçons. Il est le seul être qui connaisse ses propres limites et qui les accepte. S'il peut prendre en main sa sauvegarde, c'est parce qu'il réagit consciemment à la douleur, à l'altération de sa santé, et, finalement, à la mort. Se révolter et persévérer, endurer et se résigner, tout cela est partie intégrante de la santé de l'homme.

34. Hans Jonas, *Pour une éthique du futur*, *op. cit.*, p. 105.

> Mais alors même qu'il lui faut se garder sur deux fronts, contre la nature et contre son voisin, il existe un troisième front d'où sa propre humanité le menace. L'homme doit survivre à son rêve malsain, celui auquel, dans toutes les cultures antérieures à la nôtre, les mythes ont donné forme et limites. L'homme n'a pu se réaliser que dans une société dont les mythes bornaient les cauchemars. Le mythe a toujours eu la fonction de rassurer l'homme sur ce troisième front, pourvu qu'il ne franchisse pas les limites sacrées. Le péril de succomber à ce vertige n'existait que pour le petit nombre de ceux qui tentaient de duper les dieux. Le commun des mortels mourait d'une infirmité ou de violence. Seul celui qui transgressait la condition humaine devenait la proie de Némésis pour avoir porté ombrage aux dieux [35].

« Aujourd'hui, observait Illich, les conséquences des entreprises "pacifiques" sont aussi destructrices, dans les domaines physique, social et psychologique, que les guerres [36]. » C'est de ce troisième front que provient l'essentiel des menaces qui pèsent sur l'avenir du monde :

> Avec l'industrialisation du désir, l'Hybris est devenue collective et la société est la réalisation matérielle du cauchemar. L'Hybris industrielle a brisé le cadre mythique qui fixait des limites à la folie des rêves. [...] L'inéluctable choc en retour du progrès industriel, c'est Némésis pour les masses, le monstre matériel né du rêve industriel. Anonyme, insaisissable dans le langage de l'ordinateur, Némésis s'est annexé la scolarisation universelle, l'agriculture, les transports en commun, le salariat industriel et la médicalisation de la santé. Elle plane sur les chaînes de télévision, les autoroutes, les

35. Ivan Illich, *Némésis médicale*, *op. cit.*, p. 202-203.
36. *Ibid.*, p. 202.

supermarchés et les hôpitaux. Les garde-fous que constituaient les mythes traditionnels ont sauté [37].

C'est évidemment selon Illich par la contreproductivité des grands systèmes que se manifeste la vengeance de la Némésis industrielle. Je mentionnerai ici le cas de la santé et celui de la mobilité. Ils touchent de près à ces « nouveaux risques » qui suscitent nos craintes et nos angoisses sous le nom de réchauffement climatique, catastrophes de l'environnement, maladie de la vache folle, risques de l'alimentation industrielle, scandales de la transfusion sanguine, etc. Ces prétendus risques sont pour l'essentiel la manifestation du monopole radical qu'exerce le mode de production hétéronome sur notre rapport au corps, à la souffrance, à la mort ainsi qu'à l'espace et au temps. Ou, plus précisément, ils n'en constituent que la partie visible. Que l'alimentation rende malade, que la médecine tue dans les hôpitaux par des maladies qu'elle-même nomme « iatrogéniques » ; que les transports ne tuent pas moins, qu'ils détruisent l'air et la nature, épuisent les ressources non renouvelables de la planète, écartèlent les villes, réduisent la mobilité de larges groupes de la population, dévorent les temps de vie, créent de nouvelles dépendances : toutes ces dysfonctions sont évidentes, tous les jours nous les voyons, nous les entendons, nous les respirons, nous les subissons. Mais il semble non moins évident à la majorité que l'on n'en viendra à bout que par toujours plus de ce qui les cause. Cette partie visible de l'iceberg de la contreproductivité constitue sa dimension technique. Mais il y a la partie invisible, le mal caché, dans lequel il faut distinguer la contreproductivité sociale et la contreproductivité structurelle ou symbolique.

Commençons par la santé. Le grand biologiste René

37. *Ibid.*, p. 203-204.

Dubos a proposé de définir la bonne santé comme la capacité personnelle autonome de maîtriser ses conditions de vie, de s'adapter aux modifications accidentelles de son milieu et de refuser éventuellement des environnements intolérables [38]. Je ne connais pas de meilleure illustration de la contreproductivité sociale de la médecine que les lignes suivantes, extraites d'une brochure déjà ancienne de l'industrie pharmaceutique, mais qui expliquent sans doute que la France batte toujours le record du monde de la consommation de psychotropes : « Notre époque est anxiogène d'une autre manière [que ne l'était le "bon vieux temps"] : elle exige de chacun qu'il prenne place dans une compétition sans trêve, où personne n'est assuré de conserver l'avantage acquis. Le "stress" est finalement aussi intense que par le passé, mais il provient de ce que le corps social est et sera de plus en plus contraignant pour chacun des individus qui le composent. De plus en plus, l'individu devra être lucide, vigilant, équilibré du point de vue mental, avoir des réflexes rapides et précis. Rares sont les hommes que la nature a doués de ces qualités. Les autres pourront avoir recours fréquemment aux tranquillisants afin de se maintenir au niveau psychophysiologique nécessaire pour la satisfaction de leurs ambitions. » Et plus loin, afin qu'il ne soit pas dit que la médecine ne se soucie pas du coût économique de la santé : « La complexité croissante de la vie économique, l'érosion monétaire, les problèmes de l'emploi, la concentration démographique urbaine et bien d'autres facteurs de la vie moderne perturbent l'équilibre psychosomatique de l'individu et provoquent souvent des états pathologiques dont le traitement vient grever le budget national par le biais de la Sécurité sociale. Les tranquillisants et les sédatifs hypnotiques

38. René Dubos, *L'Homme et l'Adaptation au milieu*, Paris, Payot, 1973.

constituent des médications préventives et régulatrices qui évitent souvent ces complications et, à ce titre, contribuent à moindres frais à maintenir en activité des sujets qui se seraient temporairement ou définitivement retirés des circuits économiques[39]. »

On sait que les cabinets médicaux sont remplis de grévistes. Je ne veux pas nécessairement dire des grévistes du travail. Il est bien d'autres grèves que le droit n'envisage pas. Faire grève de son rôle de mari, d'amant, de père, de fils, de maître ou d'élève, de responsable, etc., voilà ce que le fait social de la maladie autorise. Il est socialement admis que tout problème de mal-être, quelle qu'en soit l'origine ou la nature – mauvaises relations dans le travail ou dans le couple, retard scolaire des enfants, etc. –, se traduise en demande d'aide présentée à l'institution médicale. Le plus souvent, cette demande est plus ou moins maquillée en termes somatiques, avec la complicité active du médecin. Non que le patient soit un simulateur ou le médecin un imposteur. Tous deux jouent simplement un jeu dont les règles proviennent du contexte social et culturel de leur relation. La maladie est une déviance tolérée, mais à condition d'apparaître comme un désordre organique dont l'étiologie n'est pas imputable au malade, ni d'ailleurs à la société. La maladie acquiert une existence autonome, détachée. C'est une entité extérieure à l'individu et à sa relation au milieu qui, par hasard, vient perturber son fonctionnement vital. Cette représentation du mal fonde l'accord entre le médecin et son malade, et permet leur relation.

L'inflation médicale a donc un effet, sinon une fonction : de plus en plus de gens sont convaincus que, s'ils vont mal, c'est qu'ils ont en eux quelque chose de déréglé, et non qu'ils réagissent *sainement* par un refus d'adaptation à un

39. Prospective et Santé publique, *Recherche, Médicament, Prospective*, vol. III, « Évolution scientifique » (1re partie), Paris, mars 1971.

environnement ou des conditions de vie difficiles, et même parfois inadmissibles. Des médecins prescrivent, ou ont prescrit, des médicaments prétendument capables de traiter le « mal des grands ensembles » ou l'« angoisse née des conditions de travail ». Cette médicalisation du mal-être est tout à la fois la manifestation et la cause d'une perte d'autonomie : les gens n'ont plus besoin ni envie de régler leurs problèmes dans le réseau de leurs relations. Leur capacité de refus s'en trouve étiolée, leur démission de la lutte sociale facilitée. La médecine devient l'alibi d'une société pathogène.

La santé, comme toute valeur d'usage, dépend de la façon dont le mode hétéronome de production féconde et vivifie les capacités de production autonome des individus et des groupes. Le mode hétéronome, c'est ici la médecine institutionnalisée, définie comme l'ensemble des soins et traitements codifiés que dispense aux gens un corps de professionnels spécialisés. Le mode autonome, c'est ce que traditionnellement l'on nomme hygiène. Il est significatif que le mot ait perdu sa valeur et son sens d'art de vivre – et de mourir. La paralysie de l'hygiène commence lorsque les producteurs perdent la maîtrise de leur temps de travail et de leurs conditions de vie. Aucune prothèse médico-pharmaceutique ne peut alors compenser cette aliénation, mais l'invasion médicale, en biologisant et en naturalisant les dysfonctions qui en résultent, évite que l'intolérable soit combattu au plan où il doit l'être : dans l'espace politique.

Telle est la contreproductivité sociale de la médecine. Seulement, la critique d'Illich ne s'est pas arrêtée là, et c'est ce que les « progressistes » ne lui ont pas pardonné. On l'a abandonné lorsqu'il s'est mis à soutenir que « le traitement précoce des maladies incurables a pour seul effet d'aggraver la condition de patients qui, en l'absence de tout diagnostic et de tout traitement, demeureraient bien portants les deux tiers du temps qu'il leur reste à vivre. » Comme le dit André Gorz, « il est devenu choquant d'affirmer qu'il est naturel de mourir, qu'il y a et qu'il y aura toujours des maladies mortelles, que celles-ci ne sont pas un dérèglement accidentel et évitable mais la forme contingente que prend la nécessité de la mort [40] ». Hans Jonas pour sa part écrit : « La mort n'apparaît plus comme une nécessité faisant partie de la nature du vivant, mais comme un défaut organique évitable. [...] Ces questions touchent à rien de moins qu'au sens entier de notre finitude, à l'attitude face à la mort, et à la signification biologique générale de l'équilibre de la mort et de la procréation [41]. »

Nous sommes ici à la frontière floue qui sépare le naturel du politique. Cette même frontière distingue la dimension structurelle ou symbolique de la contreproductivité de la médecine de sa dimension sociale. Ces deux dimensions semblent tirer dans des directions opposées, c'est pourquoi il est essentiel de réfléchir à leur articulation. Il semble aujourd'hui que la seule réponse que nos sociétés soient capables d'opposer aux « nouveaux risques » soit la mise en place de « politiques de précaution ». Les experts se battent pour savoir si la précaution signifie action ou abstention. J'aurai l'occasion d'illustrer la vanité de ces débats. Prendre conscience de la contreproductivité sociale oriente vers l'action, au sens politique du terme, et non d'abord vers la technique, qui n'est qu'un alibi. Par contraste, la prise de conscience de la dimension symbolique de la contreproductivité ne fait qu'un avec la redécouverte du sens des limites : est-ce là action ou inaction ? La question est oiseuse et mérite à peine d'être posée.

La santé structurelle ou symbolique de l'homme, c'est sa

40. André Gorz/Michel Bosquet, *Écologie et Politique*, Paris, Éd. du Seuil, 1978.

41. Hans Jonas, *Le Principe Responsabilité*, *op. cit.*, p. 52.

capacité de faire face consciemment et de façon autonome non plus cette fois aux dangers du milieu, mais à une série de menaces profondément intimes, que tout homme connaît et connaîtra toujours, et qui ont nom douleur, maladie et mort. Cette capacité, l'homme des sociétés traditionnelles l'a toujours tirée de sa culture, qui lui permettait de donner sens à sa condition mortelle. Le sacré y tenait un rôle fondamental. Le monde moderne est né sur les décombres des systèmes symboliques traditionnels, en qui il n'a su voir que de l'irrationnel et de l'arbitraire. Dans son entreprise de démystification, il n'a pas compris que ces systèmes impliquaient que des limites soient fixées à la condition humaine, tout en leur donnant sens. En remplaçant le sacré par la raison et la science, il a perdu tout sens des limites et, par là même, c'est le sens qu'il a sacrifié. L'expansion médicale va de pair avec celle du mythe selon lequel la suppression de la douleur, du handicap et le recul indéfini de la mort sont des objectifs désirables et réalisables grâce au développement indéfini du système médical. On ne peut donner sens à cela même que l'on ne cherche qu'à extirper. Passé certains seuils, inexorablement la médecine et ses mythes détruisent la santé structurelle.

Le marxisme voyait dans l'insuffisant développement des forces productives une première source d'aliénation. Incapable de faire face aux défis de son milieu physique, assujetti à la misère et à la maladie, l'homme cherche refuge dans les superstitions du monde religieux. Une deuxième source d'aliénation est l'exploitation de l'homme par l'homme. L'exploité confond ici aussi les souffrances que lui inflige l'oppresseur avec la volonté d'un dieu et, endormi par l'opium de la religion, il en néglige de se révolter. Pour le marxisme, la libération de l'homme passait par la lutte contre ces deux fronts – contre la nature et contre l'oppression. La question que l'analyse de la contreproductivité structurelle amène à poser est la suivante : à partir de quels seuils cette lutte pour la libération en vient-elle à se confondre avec le refus puéril et absurde de l'inévitable ? Dans quelles conditions la mystification qui consiste à faire passer pour naturel un mal dont la source est politique se transforme-t-elle en la mystification contraire, la finitude naturellement incontournable de la condition humaine étant perçue comme aliénation et non comme source de sens ?

Je ne dirai rien de la contreproductivité sociale des transports, parce que j'en ai déjà traité en présentant le calcul de la vitesse généralisée de l'automobile. J'ai montré que les transports masquent leurs effets délétères, les distorsions qu'ils imposent à l'organisation de l'espace et du temps, en substituant du temps de travail au temps de déplacement effectif. Rendant ainsi invisible le mal qu'ils provoquent, se présentant comme le remède alors qu'ils sont le poison, ils peuvent être dits, à l'instar de la médecine, les alibis d'une société qui ravage ses espaces et ses temps de vie. C'est sur la dimension structurelle que je voudrais maintenant insister.

Les transports, à en croire le discours qu'ils véhiculent, produiraient l'accès au monde et aux autres. Disons qu'ils peuvent tout au plus produire les conditions qui favorisent la capacité autonome d'accès au monde et aux autres. Ils peuvent aussi la détruire. Nous y sommes.

L'autonomie implique ici un rapport à l'espace fondé sur des déplacements à faible vitesse, recourant pour l'essentiel à l'énergie métabolique de celui qui se meut. Si l'on n'est soumis à aucune contrainte, on ne marche que dans des lieux que l'on aime. La vitesse motorisée n'a d'intérêt que quand il s'agit de s'éloigner de lieux indésirables ou de vaincre des distances perçues comme des obstacles. La soumission de l'homme industriel aux véhicules révèle qu'il ne se sent chez lui nulle part, ou presque. Si l'homme habite en poète, le malheur de vivre dans un endroit inhabitable ne pourra jamais être compensé par l'accroissement des possibilités de le fuir le plus souvent possible. « Les usagers, écrivait Illich, briseront les chaînes du transport surpuissant lorsqu'ils se remettront à aimer comme un territoire leur îlot de circulation, et à redouter de s'en éloigner trop souvent [42]. » L'alternative radicale aux transports actuels, ce ne sont pas des transports moins polluants, moins producteurs de gaz à effet de serre, moins bruyants et plus rapides ; c'est une réduction drastique de leur emprise sur notre vie quotidienne. Il faut briser pour cela le cercle vicieux par lequel une industrie contribue à renforcer les conditions qui la rendent nécessaire ; par lequel les transports créent des distances et des obstacles à la communication qu'eux seuls peuvent franchir.

L'espace vécu traditionnel est un espace connexe : deux points quelconques peuvent toujours être reliés par un chemin continu qui ne sorte pas du territoire. La société industrielle est la première à avoir brisé cette connexité. Les espaces personnels y sont éclatés en morceaux disjoints, éloignés les uns des autres : le domicile, le lieu de travail, quelques espaces publics de la ville, les commerces et le mythique « ailleurs » des loisirs et de l'évasion. Entre ces domaines, des déserts de sens, déserts esthétiques, symboliques, que l'on vise à franchir le plus efficacement possible en se livrant au système de transport. Pensez par exemple à l'espace de l'autoroute, dont on se protège par cette bulle métallique qui se transforme parfois en cercueil ; à plus forte raison, à l'espace dans lequel évolue votre jet.

Or les transports sont le rituel d'un mythe qui dit le retour au voisinage traditionnel possible grâce à eux. Pour obtenir le « village global », il n'est que d'*annuler* ces espaces vides de sens, ces espaces morts tout juste bons à être défi-

42. Ivan Illich, *Énergie et Équité*, *op. cit.*

nitivement vaincus. Le discours publicitaire, cette obsécration de notre temps, exprime on ne peut mieux l'espérance que le dieu Transport est adjuré de satisfaire. Voyez ce placard qu'une compagnie d'aviation helvétique faisait naguère insérer dans quelques hebdomadaires européens. Le dessin y représentait une ville ancienne, riche de culture et variée, avec ses monuments, ses places, ses rivières et ses larges artères. A y regarder de plus près, cependant, vous compreniez qu'il s'agissait d'un monstre : y voisinaient, juxtaposés, les plus beaux quartiers des plus belles villes d'Europe. La place Rouge n'y était séparée de la place de la Concorde que par le lit d'un fleuve, et la Via Veneto débouchait dans Piccadilly Circus. Légende : grâce à notre compagnie, l'Europe est réduite aux dimensions d'une ville.

Les mythes des sociétés traditionnelles doivent leur stabilité à leur capacité de dissimuler l'écart entre la réalité et ce qu'ils en disent – écart que les anthropologues nomment, lorsqu'il est perçu, une « dissonance cognitive ». Pour comprendre l'étonnante aliénation de l'homme industriel aux transports et son acceptation de l'absurde et de l'intolérable, il faut saisir comment le mythe du retour au voisinage originel réussit à masquer l'évidence, à savoir que les espaces-temps morts tendent à occuper une grande partie de l'espace-temps disponible : selon nos calculs, le tiers de la vie éveillée et, parfois, jusqu'à la moitié de l'espace urbain. Je ne prétends pas ici faire cette analyse, il me suffira de remarquer que les divers modes de locomotion possèdent des aptitudes très variées à réduire la dissonance cognitive. A une extrémité, on trouve la marche et le vélo, modes de déplacement ouverts à la richesse symbolique de l'espace environnant et qui n'offrent d'agrément que si cette richesse existe. A l'autre extrémité, l'automobile privée semble la mieux adaptée, très loin avant les transports collectifs, à son rôle d'alibi d'une société destructrice de son espace et de son temps.

Championne du mensonge et de l'aveuglement, elle réussit à donner d'elle-même une image en tout point contraire à la réalité : l'image est faite de mobilité, d'autonomie, d'indépendance ; la réalité, d'encombrement et de dépendance radicale vis-à-vis des servitudes de la route et des comportements des autres. Il est significatif que les automobilistes décrivent leur engin comme une petite bulle qui les isole de l'espace extérieur hostile, comme une extension de leur logement, voire comme une sorte de cordon ombilical qui les relie, potentiellement et symboliquement, aux lieux où ils voudraient être, et qui ne sont jamais les lieux où ils sont.

Le cercle contreproductif se referme dès lors comme suit. Pour vivre dans l'espace-temps de la société industrielle, il est nécessaire d'avoir accès à cette prothèse qu'est le transport. L'existence de cette prothèse supprime les freins qui pourraient s'opposer au libre jeu des forces qui modèlent l'espace et le temps. Ces « forces », je n'ai pas besoin de les décrire, car, qu'il s'agisse de la logique des valeurs foncières, de la spéculation immobilière, des déterminants de la taille et de la localisation des activités économiques et sociales, etc., les analyses abondent, même si les interprétations divergent. Ce que l'on connaît moins en général, c'est l'effet de doping des instruments de la vitesse sur les processus de désintégration et de totalisation de l'espace.

Cette dernière remarque nous rappelle qu'« il ne faut jamais poser le problème du transport isolément, [qu']il faut toujours le lier au problème de la ville, de la division sociale du travail et de la compartimentation que celle-ci a introduite entre les diverses dimensions de l'existence. [...] L'agencement de l'espace continue la désintégration de l'homme commencée par la division du travail à l'usine. Il coupe l'individu en rondelles, il coupe son temps, sa vie, en tranches bien séparées afin qu'en chacune vous soyez un consommateur passif livré sans défense aux marchands, afin que jamais il ne nous vienne à l'idée que travail, culture, communication, plaisir, satisfaction des besoins et vie personnelle peuvent et doivent être une seule et même chose : l'unité d'une vie, soutenue par le tissu social de la commune [43] ».

C'est sur le fond de l'analyse de la contreproductivité sociale et structurelle qu'il convient de poser la question de savoir ce qui nous menace. Il semble à beaucoup d'observateurs, dans le camp des politiques comme dans celui des philosophes, que nous sommes embarqués dans un train fou qui risque à tout moment de se précipiter sur on ne sait quel obstacle qui le fracassera une bonne fois pour toutes. Corinne Lepage décrit le « vertige existentiel », « la perception de participer à une fuite en avant non susceptible d'être maîtrisée et, *a fortiori*, arrêtée. [...] Une machine technologique folle, guidée par la seule soif d'aller toujours plus loin et d'être toujours plus rentable, s'est mise en marche [44] ». Hans Jonas n'est pas en reste lorsqu'il convient qu'« il est indéniable que nous devenons progressivement les prisonniers des processus que nous avons déclenchés nous-mêmes [...] sans fixation d'un but, *presque* à la manière d'un destin [45] ».

Parlons à la manière de Pascal. Les non-habiles voient ici une fatalité, un destin qui sait où il va et nous broie au passage. Ceux qui se croient habiles leur reprochent de rester prisonniers d'une vision archaïque et mystique du monde. Ils cherchent quant à eux des responsabilités, c'est-à-dire des responsables, ou mieux : des coupables. N'ayant

43. André Gorz/Michel Bosquet, *Écologie et Politique*, *op. cit.*

44. Corinne Lepage et François Guery, *La Politique de précaution*, *op. cit.*, p. 177-178.

45. Hans Jonas, *Le Principe Responsabilité*, *op. cit.*, p. 419 et 417 (je souligne).

pas pris la mesure de la nouvelle économie du mal, c'est par des poursuites pénales qu'ils espèrent régler et contenir sa dynamique. Restent les demi-habiles, les gestionnaires du risque et autres économistes de l'assurance, qui se croient en terrain connu parce qu'ils ont appris à repérer les figures du hasard probabilisable derrière les apparences du destin.

Aucune de ces interprétations ne me paraît satisfaisante. Les menaces qui s'amoncellent comme des nuages noirs à l'horizon de plus en plus rapproché d'un avenir inquiétant ne sont ni des fatalités ni des risques. A les traiter comme des risques, les distinctions classiques se brouillent. Risques endogènes ou exogènes ? Endogènes, sans aucun doute, puisque ce sont bien les actions des hommes qui en sont la source, mais simultanément exogènes, car la menace se présente comme venant d'ailleurs. Le parangon du risque exogène était naguère le risque météorologique. Nous savons désormais que ce dernier est endogène. Je vais proposer une quatrième interprétation, paradoxale, qui, en un sens, fait retour vers celle des non-habiles. Il s'agit de faire *comme si* on avait affaire à une fatalité, afin de mieux en détourner le cours. Le malheur est notre destin, mais un destin qui n'est tel que parce que les hommes n'y reconnaissent pas les conséquences de leurs actes. C'est surtout un destin que nous pouvons *choisir* d'éloigner de nous.

4. L'autonomie de la technique

L'univers redoute le temps, mais le temps redoute les pyramides.

Proverbe égyptien.

Ami d'Illich, le cybernéticien Heinz von Foerster avait de la contreproductivité une tout autre vision. Il l'exprima dans une conjecture que, depuis, le biologiste Henri Atlan, le mathématicien israélien Moshe Koppel et moi-même avons pu transformer en théorème. J'en ferai comprendre le sens ainsi[46] : il s'agit de décrire le rapport de causalité circulaire entre une totalité (par exemple, une collectivité humaine) et ses éléments (les individus qui la composent). Les individus sont liés les uns aux autres, d'une part, et à la totalité, d'autre part. Les liens entre individus peuvent être plus ou moins « rigides » : plus ils le sont, moins, par définition, la connaissance du comportement de l'un d'eux apporte d'informations à l'observateur qui connaît déjà le

46. Le cadre mathématique est celui de la théorie des réseaux d'automates et de la théorie de l'information. Cf. « Von Foerster's Conjecture. Trivial Machines and Alienation in Systems », *International Journal of General Systems*, vol. 13, 1987, p. 257-264 ; et « Individual Alienation and Systems Intelligence », *in* Jean-Louis Roos (éd.), *Economics and Artificial Intelligence*, Oxford, New York, Pergamon Press, 1987, p. 37-40.

comportement des autres. La conjecture de von Foerster dit alors ceci : plus les relations interindividuelles sont rigides, plus le comportement de la totalité apparaîtra aux éléments individuels qui la composent comme doté d'une dynamique propre qui échappe à leur maîtrise. A y réfléchir, c'est là une thèse tout à fait paradoxale, qui ne peut valoir que parce qu'on prend ici le point de vue, intérieur au système, des éléments sur la totalité. Pour un observateur extérieur au système, il va en effet de soi que la rigidité des relations entre éléments est au contraire propice à une maîtrise conceptuelle, sous forme de modélisation, par exemple. Lorsque les individus sont rigidement couplés (du fait de comportements mimétiques, par exemple), la conjecture de von Foerster enfonce donc un coin entre les points de vue intérieur et extérieur. L'avenir du système est prévisible mais les individus se sentent impuissants à en orienter ou réorienter la course, alors même que le comportement d'ensemble continue de n'être que la composition des réactions individuelles à la prévision de ce même comportement. Le tout semble s'autonomiser par rapport à ses conditions d'émergence et son évolution se figer en destin.

Les expressions que j'ai utilisées pour décrire ce qu'est le point de vue intérieur sur la totalité – « apparaîtra », « se sentent », « semble » – pourraient donner à penser que ce point de vue correspond à la perception d'une subjectivité qu'il suffirait de déniaiser ou d'informer pour qu'il coïncide avec le seul point de vue objectif, celui de la totalité du système sur lui-même. Mais la force du théorème de von Foerster est au contraire de nous faire saisir que le point de vue intérieur est tout aussi objectif que le point de vue extérieur. Ce sont l'un et l'autre des points de vue situés et, en ce sens, tout aussi indépassables que la situation à laquelle ils correspondent.

Nombreux sont les critiques de la société moderne qui ont défendu l'idée que le développement scientifique et technique de l'humanité constituait un processus autonome, échappant à la maîtrise des hommes. Ainsi, Hans Jonas : « L'expérience a prouvé que les développements déclenchés à chaque fois par l'agir technologique afin de réaliser des buts à court terme ont tendance à se rendre autonomes, c'est-à-dire à acquérir leur propre dynamique contraignante, une inertie autonome, en vertu de laquelle ils ne sont pas seulement irréversibles [...], mais qu'ils poussent également en avant et qu'ils débordent le vouloir et la planification de ceux qui agissent [47]. » C'est évidemment Heidegger qui est ici allé le plus loin, en arrachant la pensée de la technique à son habitat usuel, celui de l'instrumentalité. Non, la technique n'est pas un moyen au service d'une fin ; elle est destin (*Geschick*), et c'est elle, et non l'homme, qui est douée d'autonomie [48]. En France, sur de tout autres bases, Jacques Ellul a défendu des thèses similaires. Commentant son œuvre, Dominique Bourg écrit : « La technique ruine toute possibilité de choix. [...] S'il convient uniquement de rechercher dans telle situation le moyen le plus efficace de parvenir à une fin déterminée, il n'existe par définition qu'une seule solution, identifiable par des procédures impersonnelles. L'agent réel de la décision est alors la technique elle-même, en ce sens que la décision découle de la logique qui préside à l'agencement même des moyens. » Et encore : « Le système technicien ne dispose, pour ainsi dire par nature, d'aucune intentionnalité. Il ne poursuit aucun dessein particulier, pas même celui de sa propre croissance. Il n'y a là qu'une sorte d'effet mécanique » [49]. Ellul de

47. Hans Jonas, *Le Principe Responsabilité*, *op. cit.*, p. 75.

48. Martin Heidegger, « La question de la technique », trad. fr. in *Essais et Conférences*, Paris, Gallimard, 1958.

49. Dominique Bourg, *L'Homme artifice. Le sens de la technique*, Paris, Gallimard, 1996, p. 85 et 90. Bourg commente ici les ouvrages de Jacques Ellul : *La Technique ou l'Enjeu du siècle*, Paris, Armand Colin, 1954, et *Le Système technicien*, Paris, Calmann-Lévy, 1977.

conclure : « Il n'y a pas d'autonomie de l'homme possible en face de l'autonomie de la technique [50]. »

Faire de l'évolution technique un agent vraiment autonome, c'est tomber, comme certains de ces auteurs, dans le piège de l'essentialisme qu'évite précisément le théorème de von Foerster en construisant l'objectivité du point de vue intérieur. L'autonomie de la technique, si autonomie il y a, est autonomie *pour* ce point de vue. Mais dire cela n'est pas incompatible avec la recherche des *mécanismes* qui rendent compte de cette autonomisation ; mieux, pour parler comme l'économiste et philosophe autrichien Friedrich von Hayek, de cette *auto-extériorisation* du phénomène technique par rapport à ses conditions d'émergence [51].

C'est chez les économistes, précisément, que nous pouvons trouver les éléments d'une telle analyse, à condition de se déprendre de l'idéologie optimiste et optimisatrice dans laquelle baignent trop souvent leurs travaux. C'est par tradition que les économistes s'émerveillent de ce prodige d'autorégulation sociale que constitue le marché. Celui-ci trouve automatiquement le chemin de son équilibre, et cet équilibre est un état social efficace. Qu'est-ce qui donne au marché ses capacités d'auto-organisation ? Ce sont les mécanismes de rétroaction (*feedback*) *négative* qui entrent automatiquement en jeu dès lors qu'un agent s'écarte du comportement d'équilibre. La sanction qu'il encourt alors (baisse de ses revenus, faillite, etc.) l'oblige soit à quitter le marché, soit à en respecter les règles. Les économistes libéraux font précisément fond sur la nécessité de laisser libre jeu à ces mécanismes pour retourner contre les partisans de la justice sociale l'accusation de

50. Jacques Ellul, *La Technique ou l'Enjeu du siècle*, *op. cit.*, p. 126 ; cité par Dominique Bourg, *L'Homme artifice*, *op. cit.*, p. 86.

51. Friedrich August von Hayek, *Individualism and Economic Order*, Chicago, University of Chicago Press, 1976.

conservatisme qui leur est adressée. L'État qui entend, au nom de cet idéal, s'opposer aux sanctions du marché en rognant sur les succès et en compensant les échecs, gèle les fortunes et stabilise les différences de revenus dans le même temps où il détraque la machine économique.

Or, ces dernières décennies, l'économie théorique en est venue à s'intéresser au rôle des rétroactions *positives* dans l'autorégulation marchande. Elle a été conduite à le faire parce qu'elle a découvert l'importance de l'imitation dans les phénomènes de concurrence, et ceci, en particulier, à propos des choix entre techniques rivales. Or il est bien connu que l'imitation est éminemment productrice de rétroactions positives, sources majeures d'instabilité dynamique. Dans leur très grande majorité, les théoriciens du marché ont ignoré l'imitation. Les raisons en sont très profondes. Ce qui est en jeu, ici, est à la fois la conception de l'individu moderne et celle de l'ordre social. L'individu autosuffisant et indépendant que postule la théorie économique ne saurait être soumis à l'influence de ses semblables. Les phénomènes collectifs dont le marché est le cadre ne sauraient avoir quoi que ce soit de commun avec les phénomènes de foule et la contagion des sentiments et des actes dont ils sont le théâtre. Et cependant, certains des meilleurs économistes de tous les temps ont accordé à l'imitation un rôle central : Adam Smith, John Maynard Keynes et Friedrich von Hayek [52]. Je m'intéresserai ici à ce dernier, parce qu'il a, mieux que d'autres, saisi les conditions et les propriétés de l'auto-extériorisation des phénomènes collectifs. La question qui se pose est de savoir comment Hayek peut concilier sa foi inébranlable dans les capacités autorégulatrices du marché et sa perception aiguë de l'importance de l'imitation. A vrai dire, le problème, chez lui, est beaucoup plus vaste : il ne se pose

52. Cf. Jean-Pierre Dupuy, *Le Sacrifice et l'Envie*, *op. cit.*

pas seulement à propos du marché, mais aussi en ce qui concerne la théorie de l'évolution culturelle, laquelle inclut l'évolution technique, qui associe également concurrence, imitation et efficacité.

Pour bien saisir la nature du problème que l'imitation et, plus généralement, l'existence de boucles de rétroaction positive posent à toute théorie de l'autorégulation sociale, considérons le modèle élémentaire suivant. Deux sujets A et B s'imitent réciproquement. L'objet de leur imitation mutuelle est par hypothèse indéterminé. Mais supposons qu'un bruit, une rumeur fasse penser à A que B désire (recherche, veut acheter, se fie à, espère, etc.) l'objet O. A sait désormais ce qu'il lui faut désirer (respectivement : rechercher, etc.) : il prend les devants, désigne par là même à B l'objet O et lorsque B manifeste à son tour son intérêt pour O, A a la preuve que son hypothèse de départ était correcte. Sa représentation, si invraisemblable fût-elle *a priori*, s'est trouvée *autoréalisée*. Cette émergence d'une objectivité, d'une extériorité par la clôture sur soi d'un système d'acteurs qui tous s'imitent, acquiert une vigueur accrue à mesure qu'augmente le nombre de ceux-ci. Les rumeurs les plus absurdes peuvent polariser une foule unanime sur l'objet le plus inattendu, chacun trouvant la preuve de sa valeur dans le regard ou l'action de tous les autres. Le processus se déroule en deux temps : le premier est un jeu de miroirs, spéculaire et spéculatif, dans lequel chacun guette chez les autres les signes d'un savoir convoité et qui finit tôt ou tard par précipiter tout le monde dans la même direction ; le second est la stabilisation de l'objet qui a émergé, par oubli de l'arbitraire inhérent aux conditions de sa genèse. L'unanimité qui a présidé à sa naissance le projette, pour un temps, au-dehors du système des acteurs lesquels, regardant tous dans le sens qu'il indique, cessent de croiser leurs regards et de s'épier mutuellement.

Cette description phénoménologique du monde de l'imitation peut être précisée et confirmée par la modélisation mathématique. Une branche très active de l'économie formelle explore aujourd'hui le rôle de ce qu'elle nomme les influences interpersonnelles dans l'activité économique. Elle nous donne les moyens d'apprécier tout ce qui sépare cet univers mimétique du marché idéal. Contrairement à ce que l'on aurait pu penser *a priori*, et à ce qui a été effectivement pensé par de nombreux auteurs, l'imitation généralisée produit quelque chose et non pas rien. Elle suscite des dynamiques autorenforçantes qui convergent si résolument vers leur cible qu'il est difficile de croire que cette convergence n'est pas la manifestation d'une nécessité sous-jacente, à la manière d'un système mécanique ou thermodynamique retournant invariablement à son état d'équilibre après en avoir été écarté sous l'effet de quelque perturbation. On voit cependant que le concept d'équilibre, que la théorie du marché a importé de la mécanique rationnelle, ne convient absolument pas pour caractériser les « attracteurs » des dynamiques mimétiques. Loin d'exprimer un ordre implicite, ceux-ci trouvent leur source dans l'amplification d'un désordre initial et leur apparence d'harmonie préétablie dans un effet de polarisation unanime. Ce sont des condensés d'ordre et de désordre. La dynamique mimétique semble guidée par une fin qui lui préexiste – et c'est ainsi que, de l'intérieur, elle est vécue –, mais c'est elle qui, en réalité, fait émerger sa propre fin. *A priori* parfaitement arbitraire et indéterminée, celle-ci acquiert une valeur d'évidence à mesure que se resserre l'étau de l'opinion collective. Il n'est pas d'autre moyen de déterminer le résultat de la dynamique mimétique que de la laisser se dérouler jusqu'à son terme. C'est une procédure aléatoire qui prend les allures de la nécessité.

En trouvant son équilibre, le marché idéal des économistes est censé refléter une réalité extérieure. Les prix expriment des valeurs objectives, « fondamentales », qui synthétisent des informations aussi diverses que la disponibilité des techniques, la rareté des ressources ou les préférences des consommateurs. La dynamique mimétique est quant à elle totalement close sur elle-même. Les attracteurs qu'elle engendre ne sont dans aucun rapport d'adéquation à une réalité extérieure, ils traduisent simplement une condition de cohérence interne : la correspondance entre des croyances *a priori* et des résultats *a posteriori*. Les attracteurs mimétiques sont des représentations autoréalisatrices.

L'imitation généralisée a ainsi le pouvoir de créer des mondes parfaitement déconnectés du réel : à la fois ordonnés, stables, et totalement illusoires. C'est cette capacité « mythopoiétique » qui la rend si fascinante. S'il y a quelque part des vérités cachées à découvrir, il ne faut pas compter sur les dynamiques mimétiques pour les faire apparaître. Si l'on veut avoir une efficacité dans le monde, il vaut également mieux ne pas devoir s'en remettre à elles. Efficacité et capacité de révéler des informations cachées : ce sont là deux propriétés que les économistes attribuent volontiers au marché idéal. La distance entre celui-ci et le processus mimétique semble infranchissable.

Le tableau clinique de la logique imitative est déjà pour l'essentiel présent au stade d'un modèle très simple, dans lequel les connexions mimétiques entre agents sont données et restent fixes tout au long du processus : la probabilité qu'un agent donné imite un autre agent donné est une constante, éventuellement nulle [53]. Phénoménologique-

53. Voir le modèle exposé par André Orléan dans « Monnaie et spéculation mimétique », *in* P. Dumouchel (éd.), *Violence et Vérité*, Paris, Grasset, 1985. Sous certaines conditions, il est démontré que la dynamique imitative converge vers l'unanimité du groupe. Ces conditions traduisent qu'il y a une interdépendance effective entre tous les agents.

ment, nous savons bien que cette hypothèse est trop restrictive et que la dynamique mimétique a la capacité de modifier la structure de ses propres connexions : un sujet a d'autant plus de chances d'être imité par un autre qu'il l'est déjà par beaucoup. Le pouvoir d'attraction d'une opinion croît avec le nombre d'individus qui la partagent. On conçoit que si tel est le cas, les effets de polarisation mimétique en sont d'autant plus accentués. Il pourrait sembler cependant que c'est trop accorder à l'irrationalité des phénomènes collectifs que de se donner de telles hypothèses. Les recherches de ces dernières années ont montré qu'elles peuvent au contraire correspondre à des comportements individuellement rationnels. Il est des cas où l'avantage personnel qu'un individu retire en se joignant à la masse croît *objectivement* avec l'importance de celle-ci. Cette hypothèse est précisément aujourd'hui monnaie courante dans la littérature économique qui porte sur le choix des techniques. Quand une technique se répand, on apprend toujours plus à son sujet et elle se développe et s'améliore ; à mesure que les usagers se font plus nombreux, la gamme des produits s'enrichit et se diversifie ; les coûts de production diminuent, ainsi que les risques de défaillance. La concurrence entre techniques rivales présente dans ces conditions des traits qui la distinguent fortement de la « concurrence parfaite » des économistes. Le premier est la multiplicité des « équilibres » (le terme est encore utilisé par les historiens de la technique mais, comme nous l'avons vu, il est tout à fait impropre : il vaudrait mieux parler d'« attracteurs »). La « sélection » de l'un d'entre eux n'est pas déterminable par déduction à partir de la structure formelle du problème, c'est l'histoire réelle des événements, avec ses contingences, ses fluctuations, ses aléas, surtout ceux qui affectent les premiers pas du système, qui en est responsable. Un concept joue ici un rôle crucial, celui de « dépendance par rapport au chemin » (*path dependence*). Nous sommes aux antipodes des principes thermodynamiques auxquels les théoriciens du marché aiment encore à se référer lorsqu'il s'agit de vanter la capacité de celui-ci à neutraliser les perturbations qui l'affectent. L'évolution d'une telle dynamique est hautement imprévisible. Il n'y a évidemment aucune raison pour que la sélection qu'elle opère soit la plus efficace. Si la chance favorise une certaine technique au départ, celle-ci bénéficie d'un « avantage sélectif » qu'elle va entretenir et amplifier à mesure que les usagers affluent. Elle peut finir par dominer le marché alors même qu'une autre technique se fût révélée plus avantageuse pour tous si seulement le hasard l'avait sélectionnée d'entrée de jeu. L'évolution technique a ainsi une forte propension à « s'enfermer » (*lock in*) dans des sentiers indésirables, d'où il est de plus en plus difficile de la déloger. Hasard, sélection, « ordre par fluctuations », processus auto-organisé : tous ces termes utilisés aujourd'hui par les historiens des techniques définissent une théorie de l'évolution qui n'a que des rapports très lointains avec le néodarwinisme.

On comprend ainsi comment l'évolution technique peut marquer une direction, un sens, comme si elle incarnait une intention, un dessein ou un destin, et néanmoins résulter de la composition de mécanismes purement aveugles. Il n'y a évidemment aucune garantie qu'elle nous mène dans la « bonne » direction, si ceci a un sens ; il n'y en a aucune qu'elle ne nous mène pas au désastre. C'est à la lumière de l'analyse qui précède que l'on doit méditer l'avertissement de Hans Jonas : « Ce qui a été commencé nous ôte l'initiative de l'agir et les faits accomplis que le commencement a créés s'accumulent pour devenir la loi de sa continuation. [...] Cela renforce l'obligation de veiller aux commencements, accordant la priorité aux possibilités de malheur fondées de manière suffisamment sérieuse (et distinctes des simples fantasmes de la peur) par rapport aux espérances – même si celles-ci ne sont pas moins bien fondées [54]. »

J'en reviens à ma question : comment un Friedrich von Hayek peut-il éviter des conclusions aussi peu réjouissantes, lui qui fonde sa philosophie sociale sur une philosophie de l'esprit qui donne à l'imitation un rôle de premier plan ? Très simplement. Considérons un univers où tout le monde imite tout le monde, à l'exception d'un individu qui, lui, n'imite personne. Il est facile de montrer que cet individu va devenir la clé de voûte du système en ce que tous vont finir par l'imiter, lui et seulement lui. Faisons une hypothèse supplémentaire : cet individu n'imite personne parce qu'il sait qu'il est dans le vrai. On dispose alors d'un processus évolutif fondé sur l'imitation qui agit comme un très efficace découvreur et diffuseur de l'information. Nous découvrons ici une propriété troublante de l'imitation, à savoir son ambivalence. Efficace si quelque part la bonne information est présente et qu'elle est reconnue comme telle, elle devient autrement source d'illusions et de gaspillages. Le problème est qu'il est impossible *de l'intérieur* du système de savoir dans lequel de ces deux cas on se situe. Pour lever cette indécidabilité, il faut recourir à une extériorité. Lorsque le chemin évolutif atteint la « vérité » ou l'« efficacité », un signal doit retentir qui signifie : ne pas chercher plus loin, c'est-à-dire : cesser d'imiter. L'auto-extériorisation produite par l'imitation généralisée n'a donc de vertu optimisatrice qu'encadrée par une véritable extériorité. Sans extériorité vraie, l'auto-extériorisation peut errer misérablement. Si l'on traite de l'évolution culturelle et technique de l'humanité, la question est évidemment de savoir quel statut donner à cette extériorité ou transcendance, et qui peut parler en son nom. Il n'y a pas moyen d'échapper aux prophètes de bon-

54. Hans Jonas, *Le Principe Responsabilité*, *op. cit.*, p. 75-76.

heur – moins nombreux, peut-être, que les prophètes de malheur –, et le premier prophète, ici, se nomme évidemment Hayek.

Ni optimiste ni essentialiste, l'analyse que j'ai présentée de l'autonomie technique nous aide, si on la rapproche du théorème de von Foerster, à démystifier la catégorie du destin, c'est-à-dire à retirer le « voile mystique » qui, selon Marx, entoure la perception de l'homme aliéné. *De purs mécanismes peuvent produire des effets de destin.* Cette leçon, les technologues l'ont en vérité faite leur depuis longtemps, fascinés qu'ils sont par l'ambition de réaliser des artefacts autonomes. Dès 1948, l'inventeur de la théorie des automates et l'un des créateurs de l'ordinateur, John von Neumann, prédisait qu'un jour viendrait, proche pensait-il, où le constructeur d'automate serait aussi désarmé devant sa création que nous le sommes devant les phénomènes naturels complexes [55]. La griserie quasi théologique de fabriquer un automate, c'est-à-dire un être qui ne tient la loi de son mouvement que de lui-même ; ce comble de la volonté de puissance qui consiste à se vouloir la cause d'un être qui soit cause de soi, inconditionnée ; le désir de se perdre dans le miroir tendu par une créature faite à son image, ce sont là les puissants motifs qui entraînent la technique dans des directions qui font frémir d'effroi et de terreur sacrée jusqu'à ses promoteurs les plus en vue [56]. L'intelligence artificielle, la robotique, la vie artificielle, les algorithmes génétiques, la bio-informatique, les nano-

55. Cf. Jean-Pierre Dupuy, *Aux origines des sciences cognitives*, Paris, La Découverte, 1994, rééd. 1999.

56. Voir la mise en garde, très remarquée et discutée, de l'un des informaticiens américains les plus brillants, Bill Joy, parue dans la revue très « branchée » *Wired*, sous le titre éloquent « Why the future doesn't need us » (avril 2000). Le sous-titre précise : « Our most powerful 21st-century technologies – robotics, genetic engineering, and nanotech – are threatening to make humans an endangered species. »

technologies brouilleront de plus en plus les frontières qui, séparant le monde du vivant de celui des machines, le monde de l'esprit de celui des mécanismes, nous servent, aujourd'hui encore, à donner sens à la condition humaine. Tout se passe comme si la technique, en s'autonomisant toujours plus, accomplissait un projet consistant à se faire le destin inhumain qui décharge enfin l'humanité du fardeau de la liberté et de l'autonomie.

5. Le catastrophisme en procès

> [La Peur] n'est pas belle à voir – non ! – tantôt raillée, tantôt maudite, renoncée par tous. [...] Et cependant, ne vous y trompez pas : elle est au chevet de chaque agonie, elle intercède pour l'homme.
>
> Georges Bernanos, *La Joie*.

Lorsque les « trente glorieuses » – cette période de croissance économique mondiale qui semblait devoir durer jusqu'à la fin des temps – vinrent à leur terme, cessa du même coup la critique radicale de la société industrielle et de son mode de développement. L'attention amusée que l'on avait prêtée aux propos d'Illich et de quelques autres apparut rétrospectivement comme n'ayant pas dépassé au fond le type de complaisance que le bourgeois opulent et satisfait manifeste envers la danseuse ou le bouffon qu'il n'hésite pas à se payer. Je dois cependant rappeler au jeune lecteur d'aujourd'hui que le succès de la critique illichienne fut notable dans certains milieux. En témoigne le fait que des mots comme « convivialité » ou « contre-productivité » sont passés dans le langage courant, dans le sens que leur a donné l'auteur d'*Énergie et Équité*. Illich eut même de l'influence sur des professionnels ou des technocrates qui auraient pu ou dû se sentir visés. Certes, c'étaient les éducateurs qui reconnaissaient toute la force de la critique illichienne de la médecine, et les médecins toute la valeur des propos qu'Illich tenait au sujet des transports ! Mais le chômage s'était installé pour durer et la croissance apparaissait comme le seul remède. Il ne fut plus jamais question de son contenu. La macroéconomie avait pris les rênes du pouvoir. Les questions les plus fondamentales ne furent plus jamais posées. La croissance et sa juste répartition devinrent les seules préoccupations. Mais s'il est beau de vouloir partager équitablement un gâteau aussi gros que possible, il conviendrait peut-être de se demander d'abord s'il n'est pas empoisonné.

Les maux et les menaces attachés au mode de développement industriel n'avaient évidemment pas disparu pour autant. Vint le « principe de précaution ». Tout se passe désormais comme si les grandes peurs de l'époque se résumaient toutes dans ces trois mots que l'on récite en guise de rituel propitiatoire. Ce livre n'est pas une réflexion sur le principe de précaution. Je ne cherche pas à le définir, encore moins à le commenter, encore moins à en proposer un fondement philosophique. Je ne prétends pas lui substituer un autre principe, plus satisfaisant. On le verra, le « catastrophisme éclairé » n'aspire aucunement au titre de principe. C'est une attitude philosophique, un renversement d'ordre métaphysique dans nos manières de penser le monde et le temps qui fait fond sur la temporalité des catastrophes. Il se trouve cependant que les recherches conduites par tous ceux qui essaient de donner forme à ce principe, et ils sont nombreux, tant chez les économistes que chez les juristes, les sociologues ou les politologues, m'ont grandement aidé. Elles m'ont aidé, pour tout dire, moins par ce qu'elles apportent que par ce qu'elles rejettent. L'expression de « catastrophisme », on s'en doute, n'est pas au départ chargée d'un sens positif. C'est la façon péjorative qu'ont les théoriciens de la précaution de désigner la posture « absolutiste » qu'ils récusent. L'expression de « destruction mutuelle assurée », soit, en anglais, *mutually assured destruction*, ce qui donne le sigle MAD, mot qui signifie « fou », fut d'abord utilisée par ceux qui voyaient dans la doctrine de la dissuasion nucléaire une pure folie. Ils n'avaient peut-être pas tort, mais le fait remarquable est que les champions de cette doctrine s'empressèrent de reprendre le label à leur compte, lui donnant désormais un statut respectable. Je propose de faire de même avec le « catastrophisme ».

La cible « catastrophiste » que se donnent les théoriciens de la précaution est en vérité une cible facile, car la position qui est ainsi visée est irréaliste, contradictoire, bref, intenable. Mais c'est une caricature, même si, ici ou là, jusque dans les plus hautes sphères de l'État, on la trouve défendue ou invoquée sous le nom de « principe de précaution ». La démonstration serait plus convaincante si elle déterminait que *toute* posture catastrophiste tombe nécessairement sous le coup de critiques similaires. Mon travail a pour but de montrer au contraire que l'on peut construire un catastrophisme cohérent et conforme à la raison la plus exigeante.

La critique des théoriciens de la précaution porte sur une attitude par rapport au risque ou à la menace incertaine qui comporte trois dimensions. Cette attitude se fixerait comme objectif le « risque zéro » ; elle aurait les yeux braqués sur le « scénario du pire » ; elle imposerait un « renversement de la charge de la preuve » : c'est à l'innovateur de prouver l'innocuité de son produit et non à ceux qui pourraient en être les victimes de prouver sa nocivité. Or le « risque zéro » est un idéal impossible et paralysant ; puisqu'on est, par hypothèse, dans un univers de « controverse » scientifique, il n'y a pas un scénario du pire déterminé de façon univoque : ce concept est donc évanescent ; puisqu'on est, par hypothèse, dans un univers incertain, l'innocuité est impossible à prouver. La critique conclut que cette conception absolutiste, confondue avec toute conception catastrophiste, ne peut que déboucher sur un principe d'abstention, donc d'inaction[57].

Que le « risque zéro » soit un idéal inatteignable qui entrave l'action, on doit en convenir. Mais c'est aussi là une fausse querelle. « Derrière le leitmotiv permanent "le risque zéro n'existe pas", ce qui est une évidence, écrit Corinne Lepage, se cache un véritable refus d'appliquer sérieusement le principe de précaution, qui est le seul à pouvoir raisonner et humaniser le progrès[58]. » J'en suis bien d'accord – à la référence au principe de précaution près. Dans la position que je défends, non seulement le « risque » – je dirai la catastrophe – reste une possibilité, mais seule l'inévitabilité de sa réalisation future peut conduire à la prudence. Le « scénario du pire » est en effet une notion floue. Pour telle action que l'on entreprend ou telle politique que l'on décide, jusqu'où le pessimisme peut-il raisonnablement aller ? Une centrale nucléaire est installée à quelques dizaines de kilomètres en amont de Paris : s'est-on interrogé sur la possibilité d'un Tchernobyl-sur-Seine ? On décide la mise en culture à grande échelle de plantes génétiquement modifiées : doit-on se fixer sur un scénario qui verrait les gènes se disséminer dans l'environnement, des espèces résistantes se développer et proliférer et le biotope succomber par intoxication fatale ? Dans les laboratoires d'intelligence artificielle de la

57. Voir par exemple Olivier Godard, « L'ambivalence de la précaution et la transformation des rapports entre science et décision », *in* O. Godard (éd.), *Le Principe de précaution dans la conduite des affaires humaines*, Paris, Éditions de la Maison des sciences de l'homme et INRA, 1997. Voir aussi Catherine Larrère, entrée « Précaution » du *Dictionnaire d'éthique et de philosophie morale* de Monique Canto-Sperber, Paris, PUF, 3e éd., 2001.

58. Corinne Lepage et François Guery, *La Politique de précaution*, *op. cit.*, p. 140.

planète et les centres de recherche en nanotechnologies, on conçoit des robots intelligents et doués de conscience : a-t-on pensé qu'ils pourraient un jour nous réduire en esclavage et même anéantir notre espèce ? Mais puisqu'on est, par hypothèse, dans l'incertitude, pourquoi devrait-on croire que le pire est certain ?

Je crains que la critique, ici, ne commette une confusion logique. La question est subtile et je demande à mon lecteur une attention toute particulière, car il ne pourra saisir la solution que je propose que si une grande clarté est faite sur ce point. La critique tient pour acquis que le catastrophisme vise le « risque zéro », l'absence complète de dommages. J'ai déjà fait justice de cette vue erronée. La critique en infère que le catastrophisme se fixe sur le scénario du pire pour s'assurer que, ce « pire » correspondant à un dommage nul, la réalité, qui ne peut par construction être plus désastreuse, ne comportera aucun dommage. On peut concéder à la critique que cette manière de faire conduise à préconiser l'« abstention » généralisée. Et encore, celui qui passerait sa vie enfermé dans sa chambre, comme le conseillait Pascal, risquerait aujourd'hui de périr dans une explosion de gaz ou d'être écrasé par la chute d'un supersonique sur l'immeuble où il habite. Cependant, la critique semble ne pas voir que l'on peut se fixer sur le scénario du pire, non pas comme pouvant ou devant se produire *dans l'avenir*, mais en tant qu'il pourrait ou devrait se produire *si* l'on entreprenait telle action. Dans le premier cas, le scénario du pire est de l'ordre d'une *prévision* ; dans le second, c'est une hypothèse *conditionnelle* dans une délibération qui doit aboutir à choisir, parmi toutes les options ouvertes, celle ou celles qui rendent ce pire acceptable ; ou, dans une autre variante, l'option qui rend ce pire le moins dommageable possible – dans la théorie de la décision en incertitude, cette dernière démarche se nomme *minimax*, car il s'agit de rendre *mini*mal le dommage *max*imum. J'y reviendrai. Or « minimiser le pire » – que l'on me pardonne ce barbarisme –, ce n'est pas le rendre nul. Ce point de logique évoque immanquablement dans l'esprit du philosophe la théodicée leibnizienne, déjà mentionnée. Pourquoi y a-t-il du mal dans le monde ? Parce que notre monde est le meilleur des mondes possibles. Cette réponse, qui fit se gausser les beaux esprits, est parfaitement cohérente. Le monde qui minimise le mal ne réduit pas ce dernier à zéro. Confondre mal minimum et « zéro mal », c'est commettre une faute sur les catégories.

Cependant, ma démarche sera tout autre. « C'est le non-sens de la destruction qui implique de recourir au scénario du pire, écrit Corinne Lepage. C'est précisément la pertinence, voire la seule existence de la possibilité de ce scénario du pire qui peut et doit guider la réflexion et l'action [59]. » Je rejoins ce jugement. C'est parce que la catastrophe constitue un destin détestable dont nous devons dire que nous n'en voulons pas qu'il faut garder les yeux fixés sur elle, sans jamais la perdre de vue. Je crains que ce point fasse peu sens pour les gestionnaires du risque. Ce qu'ils voient, quant à eux, c'est que pour *chacun* des risques dont ils s'occupent il est peu vraisemblable que l'avenir nous réserve une tragédie majeure. Le changement climatique, la pollution des océans, les dangers de l'énergie nucléaire ou du génie génétique, le déclenchement de nouvelles épidémies ou endémies : l'humanité saura bien s'en accommoder ou trouver les réponses techniques adéquates. La catastrophe a ceci de terrible que non seulement on ne *croit* pas qu'elle va se produire alors même qu'on a toutes les raisons de *savoir* qu'elle va se produire, mais qu'une fois qu'elle s'est produite elle apparaît comme relevant de l'ordre normal des

59. *Ibid.*, p. 136.

choses. Sa réalité même la rend banale. Elle n'était pas jugée possible avant qu'elle se réalise ; la voici intégrée sans autre forme de procès dans le « mobilier ontologique » du monde, pour parler le jargon des philosophes. Comme Bergson découvrant que l'Allemagne avait déclaré la guerre à la France, on peut dire : « qui aurait cru qu'une éventualité aussi formidable pût faire son entrée dans le réel avec aussi peu d'embarras ? Cette impression de simplicité dominait tout ». Moins d'un mois après l'effondrement du World Trade Center, les responsables américains ont dû raviver chez leurs compatriotes le souvenir de la gravité extrême de l'événement pour que le désir de justice et de revanche ne faiblisse pas [60]. Le vingtième siècle est là pour nous montrer que les pires abominations peuvent être digérées par la conscience commune sans embarras particulier. La sérénité raisonnable et comptable des gestionnaires du risque participe de cette étonnante capacité de l'humanité de se résigner à l'intolérable. Elle est le symptôme le plus manifeste de cet irréalisme qui consiste à traiter des « risques » en les coupant du contexte général dans lequel ils se situent.

C'est cette métaphysique spontanée du temps des catastrophes qui est l'obstacle majeur à la définition d'une prudence adaptée aux temps actuels. C'est ce que je vais m'efforcer de montrer, tout en faisant fond sur cette même métaphysique pour proposer une solution. Une fois de

60. Lu dans *Libération* du 2 novembre 2001 : « Donald Rumsfeld, secrétaire à la Défense, le 1er novembre : "Certains ont l'air de penser que notre action militaire n'est pas assez prompte, je leur rappellerai que les cendres du World Trade Center brûlent toujours." Aussitôt, CNN montrait les images des débris du "Ground Zero", l'épicentre de la tragédie. Et le présentateur Aaron Brown de commenter, conformément aux consignes de sa direction : "Ce que vient de dire le secrétaire à la Défense est très important. Quelquefois, on a l'impression que les attentats contre le World Trade Center et le Pentagone sont loin derrière nous. Mais ils sont tout près. Il ne faut pas l'oublier..." »

plus, le poison servira de remède. Pour revenir à la question du « scénario du pire », ma démarche consistera à raisonner comme si le fait d'envisager que la catastrophe est possible équivalait à penser qu'elle se produira, et qu'elle se produira nécessairement. Il faut prendre cette équivalence non comme une licence accordée généreusement au catastrophisme, la moindre peur devenant comme par magie certitude, mais au contraire comme une contrainte sur ce qu'il convient de tenir pour possible [61]. Il n'y a de possible que dans l'actualité [62] présente et future, et cette actualité est elle-même une nécessité. Plus précisément, avant que la catastrophe ne se produise, elle peut ne pas se produire ; c'est en se produisant qu'elle commence à avoir toujours été nécessaire, donc que la non-catastrophe, qui était possible, commence à avoir toujours été impossible. Je retrouve le paradoxe de la métaphysique bergsonienne, mais au prix d'un bien intéressant échange sur les modalités. Pas plus que dans celle-ci, on ne peut, dans la métaphysique que je propose, « travailler à reculons dans le temps », mais ce qui se loge de lui-même dans le passé au fur et à mesure que la réalité se crée n'est pas, comme chez l'auteur de *L'Évolution créatrice*, du possible, mais de l'impossible. Avant que la guerre éclate, elle apparaissait à Bergson « *tout à la fois comme probable et comme impossible* : idée complexe et contradictoire, qui persista jusqu'à la date fatale ». La métaphysique que je propose

61. Que la métaphysique de Jonas soit bien en accord avec ce point majeur, et donc échappe à l'accusation de catastrophisme paniquant ou naïf, apparaît clairement dans cette citation que nous avons déjà faite : « [accorder] la priorité aux possibilités de malheur fondées de manière suffisamment sérieuse (et distinctes des simples fantasmes de la peur) » (*Le Principe Responsabilité*, *op. cit.*, p. 75-76).

62. Dans tout ce livre, j'utiliserai le mot « actualité » (et l'adjectif correspondant « actuel ») non dans son sens courant de ce qui est contemporain, mais au sens philosophique de ce qui est en acte par opposition à ce qui n'est qu'en puissance.

comme fondement d'une prudence adaptée au temps des catastrophes n'est pas moins complexe, mais je crois pouvoir montrer qu'elle n'est pas contradictoire. Elle consiste à *se projeter* dans l'après-catastrophe, et à voir rétrospectivement en celle-ci un événement *tout à la fois nécessaire et improbable*.

Ces idées sont difficiles et on peut se demander s'il est bien utile d'en passer par de telles constructions. Je défends la thèse que l'obstacle majeur à un sursaut devant les menaces qui pèsent sur l'avenir de l'humanité est d'ordre conceptuel. Nous avons acquis les moyens de détruire la planète et nous-mêmes, mais nous n'avons pas changé nos façons de penser. Nombreux aujourd'hui sont ceux qui cherchent des issues en concevant des procédures de délibération et de décision, démocratiques ou non. Je doute que celles-ci soient capables à elles seules de résoudre les problèmes sur lesquels la philosophie (la métaphysique) se casse les dents depuis qu'elle existe. On sent bien que les questions qui se posent sont celles de l'avenir, du temps, de la temporalité. La catastrophe est peut-être située dans l'avenir, mais celui-ci est-il réel ? Les prophètes de malheur annoncent la catastrophe, mais la prévision (la prophétie) est-elle seulement possible, et quelle est son objectivité, étant entendu qu'il n'y a pas d'effet causal de l'avenir sur le passé ? S'il y a prophétie, donc parole au sujet de l'avenir, cela interdit-il le libre arbitre, entendu comme capacité d'agir autrement qu'on ne le fait ? Que peut-on dire au sujet des possibles qui n'auront pas été actualisés ? Peut-on croiser la modalité du probable et celle du possible, en définissant des probabilités sur des propositions conditionnelles du type : « Si l'on avait fait ceci – alors qu'on a fait cela –, la catastrophe X aurait été évitée » ? Ce sont là des problèmes qui sont parmi les plus anciens de la philosophie, et il se trouve qu'il est indispensable de leur donner une réponse pour être à la hauteur des défis de notre temps. Ceux qui jugent que la philosophie est une activité gratuite ne se trompent pas moins que ceux qui croient qu'ils peuvent s'en passer. Lorsqu'un acteur de la « précaution » déclare que, « en situation de risques, une hypothèse non infirmée devrait être tenue provisoirement pour valide même si elle n'est pas formellement démontrée [63] », sa formulation charrie des tonnes de présupposés philosophiques que l'on aimerait voir explicités. Si je prends cet exemple, c'est évidemment parce que, dans sa formulation imprécise, il n'est pas si éloigné du retournement métaphysique que je suggérais. Le philosophe allemand Hans Jonas, écrivant sur les risques « inacceptables », est beaucoup plus rigoureux dans son approfondissement de la même idée : « Nous avons ici affaire à un renversement du principe cartésien du doute. Pour établir le vrai indubitable, nous devons d'après Descartes tenir tout ce qui d'une façon ou d'une autre peut être mis en doute comme étant équivalent au faux démontré. Ici au contraire nous devons traiter ce qui certes peut être mis en doute, tout en étant possible, à partir du moment où il s'agit d'un possible d'un certain type, comme une certitude en vue de la décision. C'est aussi une variante du pari pascalien [...] [64]. »

Tous ces développements étaient nécessaires pour faire justice de l'idée que le « scénario du pire » serait un guide détestable pour l'action. Soit maintenant la troisième critique adressée au catastrophisme. Imposant une inversion de la charge de la preuve, il exigerait de toute innovation qu'elle démontre son innocuité. Or une telle démonstration est impossible, du fait de la dissymétrie, dégagée par

63. Proposition du commissaire du gouvernement au Conseil d'État au sujet de l'affaire du sang contaminé, en avril 1993. Cette formule a depuis lors servi de base à de nombreuses recommandations dans d'autres affaires, comme celle de la vache folle.

64. Hans Jonas, *Le Principe Responsabilité*, *op. cit.*, p. 84-85.

l'épistémologie de Karl Popper, entre confirmation et falsification. L'absence d'innocuité peut être prouvée, il suffit pour cela d'exhiber un seul cas de nocivité. L'innocuité, en revanche, ne peut être prouvée, puisqu'il faudrait mettre à l'épreuve d'un nombre infini d'expériences la vérité d'une proposition à quantificateur universel du type : quel que soit le cas ou le contexte *x*, le produit considéré n'est pas nocif.

Il est aisé de réfuter cette troisième critique. Elle repose sur une pétition de principe, à savoir que l'inversion de la charge de la preuve suppose que l'on apporte la démonstration d'une absence *complète* de risque. Mais cela est inexact. La référence à Popper sert ici d'écran de fumée. Elle empêche de contempler une idée lumineuse et simple, commune aux raisonnements probabilistes qui ont cours dans la plupart des sciences appliquées.

Dans un cadre de pensée statistique, il n'est pas vrai que l'absence de preuve que *p*, où *p* est, par exemple, la proposition « le produit X est nocif », suffise à démontrer non-*p* (ici, « le produit X n'est pas nocif »). De manière ramassée, on peut écrire :

Non Prouve [*p*] $\nRightarrow$ Prouve [Non-*p*]

où le symbole $\nRightarrow$ signifie : « n'implique pas ». Le fait que l'on ne prouve pas *p* n'implique pas que l'on prouve non-*p*.

Imaginons qu'on nourrisse des doutes au sujet d'une pièce de monnaie au moyen de laquelle on envisage de jouer à pile ou face : elle semble déséquilibrée en faveur de face. On la lance trois fois de suite et elle tombe effectivement à chaque fois du côté face. Si ce résultat était le fruit du hasard, la pièce étant en fait équilibrée, la probabilité *a priori* de ce résultat serait de (1/2) au cube, soit 1/8, soit encore 12,50 %. Par convention, on admet en statistique qu'une probabilité supérieure à 5 % *ne suffit pas* à rejeter l'hypothèse que le résultat est dû au hasard. Pourquoi exige-t-on 5 % et ne se contente-t-on pas, par exemple, de 45 % ou de 33 % ? Ce seuil est sans doute en partie arbitraire, mais il traduit bien la notion de « *charge* de la preuve ». S'il s'agit de prouver que la pièce est déséquilibrée, il faut faire un effort supplémentaire de recherche et d'expérimentation de manière à atteindre un degré de conviction *beyond a reasonable doubt*, comme on dit en anglais, c'est-à-dire tel que tout doute raisonnable soit écarté. Dans le cas présent, on est loin du compte et on admettra qu'il n'est pas prouvé que la pièce est déséquilibrée. Un sophisme flagrant consisterait à en conclure qu'il est prouvé qu'elle n'est pas déséquilibrée. Une proposition peut se trouver dans la situation où ni elle ni sa négation ne sont prouvées[65]. Or il existe beaucoup de cas où l'on croit ou l'on affirme avoir prouvé que tel produit est dépourvu de nocivité alors que la seule chose que l'on puisse dire est qu'on n'a pas réussi à prouver sa nocivité.

Que l'idée même d'inverser la charge de la preuve soit venue, avec quel éclat !, sur le devant de la scène fait apparaître *a contrario* que l'absence de preuve qu'une innovation technique ou commerciale était nocive suffisait naguère à garantir qu'elle ne l'était pas. On envisage désormais d'exiger que la preuve d'innocuité soit fournie. Faudrait-il s'en scandaliser ? A qui revient la charge de la preuve ? La réponse à cette question dépend de la logique de la situation et des valeurs de la société considérée. Dans un procès d'assises, on considère qu'entre l'erreur judiciaire qui aboutit à la condamnation d'un innocent et

65. Rappelons que c'est parce qu'il avait une conception « constructiviste » de la vérité, ou plutôt de la « prouvabilité », que Brouwer inventa la logique intuitionniste, qui nie le principe du tiers exclu et pour laquelle la négation d'une négation n'équivaut pas à une affirmation.

celle qui conduit à relâcher le coupable, c'est la première, de très loin, qu'il faut éviter. Il est donc normal d'exiger que l'accusation fournisse, dissipant tout doute raisonnable, la preuve que l'accusé est bien coupable. Le fait que celui-ci n'ait pas réussi à établir son innocence ne saurait en tenir lieu [66].

De même, quoi de plus conforme au bon sens si, dans le cas de dommages potentiellement graves ou irréversibles, on considère qu'il vaut mieux errer du côté de l'imputation de nocivité qu'en sens inverse ? C'est donc à l'innovateur de prouver que son produit n'est pas nocif, l'absence de preuves qu'il l'est ne suffisant absolument pas à l'établir. Une étude anglaise portant sur des articles scientifiques en matière de génie génétique montre pourtant qu'ils commettent systématiquement le sophisme de la pièce de monnaie relevé ci-dessus, alors même qu'ils prétendent appliquer le principe de précaution [67]. Cette inversion de la charge de la preuve est-elle exorbitante ? Non, car elle n'implique aucunement que soit établie l'innocuité parfaite. Aller « au-delà du doute raisonnable », c'est-à-dire ramener à moins de 5 % la probabilité *a priori* que les résultats d'expériences qui semblent confirmer l'hypothèse d'innocuité soient dus au hasard dans le cas où l'hypothèse contraire serait avérée, est une tâche dont la nécessité devrait être reconnue par tout esprit responsable. Il faut y consacrer des moyens de recherche et d'in-

66. Menno T. Kamminga défend de manière convaincante la thèse que le principe de précaution était présent dans le droit international relatif aux violations des droits de l'homme bien avant que le droit de l'environnement ne s'en empare. Voir son « The Precautionary Approach in International Human Rights Law : How It can Benefit the Environment », *in* David Freestone et Ellen Hey (éd.), *The Precautionary Principle and International Law*, La Haye, Kluwer Law International, 1996.

67. Peter Saunders, *Use and Abuse of the Precautionary Principle*, Institute of Science in Society, Open University, Milton Keynes, UK, juillet 2000.

vestigation suffisants. Tout le monde devrait pouvoir s'accorder facilement là-dessus. Le type de « catastrophisme » impliqué dans le retournement de la charge de la preuve n'a donc rien que de très raisonnable.

J'ai déjà cité plusieurs fois le livre de Hans Jonas, *Le Principe Responsabilité*, dont la parution en allemand en 1979 a fortement contribué à répandre l'idée de précaution (*Vorsorge*) dans les pays d'Europe du Nord. Les théoriciens français de la précaution se croient tenus de faire référence au livre de Jonas pour nous dire immédiatement qu'ils n'ont rien à faire avec lui. Il faut pourtant lire ce livre difficile, dont on ne fait en général que citer quelques formules, toujours les mêmes, comme pour en conjurer l'odeur de soufre.

La pensée de Jonas serait, à en croire les critiques, le condensé de tout ce que la posture catastrophique a d'excessif et d'invalidant. Le philosophe allemand est et se veut un prophète de malheur ; sa pensée est tout empreinte de théologie ; c'est sous l'emprise de la peur qu'il nous demande d'interpréter notre situation et d'assumer notre responsabilité extrême – attitude interprétative qu'il nomme lui-même une « heuristique de la peur » ; son radicalisme, enfin, ne peut conduire qu'à la paralysie de l'action, une paralysie garantie et orchestrée par un régime de type totalitaire.

On trouve en effet dans *Le Principe Responsabilité* le « commandement » suivant : « donner un poids plus important dans les affaires relevant de ces éventualités capitales à la menace plutôt qu'à la promesse, et [...] éviter des perspectives apocalyptiques, même au prix de rater ainsi le cas échéant des accomplissements eschatologiques [68]. » En termes plus simples : « il faut davantage prêter l'oreille à la prophétie de malheur qu'à la prophétie

68. Hans Jonas, *Le Principe Responsabilité*, *op. cit.*, p. 74.

de bonheur[69] ». Jonas précise : « [...] en matière d'affaires d'un certain ordre de gravité – celles qui comportent un potentiel apocalyptique – on doit accorder un plus grand poids au pronostic de malheur qu'au pronostic de salut. La présupposition de toute cette considération [est] qu'aujourd'hui et à l'avenir nous avons précisément affaire à des interventions de cet ordre de gravité, ce qui est en soi un fait nouveau dans les affaires humaines[70]. » Je crois que le bien-fondé de cette position est démontrable, et ce, non pas dans l'angoisse et les tremblements, mais avec toutes les ressources d'une tête froide. Il est rationnel aujourd'hui d'être catastrophiste dans le sens indiqué par le commandement de Jonas. Il y a des raisons qui justifient de l'être. Dans ce livre, j'en avancerai quelques-unes.

« Heuristique de la peur » : voilà bien un programme détestable, réplique la critique. Comment pourrait-on délibérer, et même penser, sous l'emprise de l'angoisse, saisi par la panique ? Ainsi Catherine Larrère : « [...] la "prophétie de malheur" [...] exclut toute possibilité de choix. [...] Le choix du scénario du pire interdit tout débat démocratique : sous la menace de la catastrophe imminente, on ne saurait délibérer[71]. » Je crois déceler ici un complet contresens. Le point de départ de Jonas est tout au contraire le même que le mien, à savoir que la perspective de la catastrophe ne nous émeut pas, que dis-je ?, elle nous laisse parfaitement indifférents. Comme Bergson jusqu'à la veille de la déclaration de guerre, la catastrophe nous paraît impossible. C'est précisément pour faire sauter ce verrou qui relève de la métaphysique, bien plus que de la psychologie, que Jonas préconise ce qui est avant tout une

69. *Ibid.*, p. 73.
70. *Ibid.*, p. 79.
71. Catherine Larrère, entrée « Précaution » du *Dictionnaire d'éthique et de philosophie morale*, *op. cit.*

méthode. L'heuristique de la peur, ce n'est pas de se laisser emporter par un flot de sentiments en abdiquant la raison ; c'est faire d'une peur simulée, imaginée, le révélateur de ce qui a pour nous valeur incomparable.

Aurait-on d'ailleurs oublié que la première philosophie moderne, la matrice du rationalisme mécaniste en philosophie, repose précisément sur une heuristique de la peur ? En rupture complète avec la pensée antique, Thomas Hobbes renonce à bâtir la cité idéale sur une conception du bien admise par tous. Il lui suffit d'être le témoin de l'histoire tragique de son pays pour comprendre que c'est au nom de conceptions rivales du bien que les hommes se font la guerre et s'entretuent. Pour asseoir la paix civile, il faut donc avoir recours à ce qu'ils ont en commun – non pas une idée du bien mais une même appréhension du mal : la peur de la mort violente. Sur cette base, on fait généralement de Hobbes le père du libéralisme bien que la solution politique qu'il donne à son problème revienne à fonder en raison le pouvoir absolu de l'État. Le paradoxe n'est qu'apparent. Il est ainsi démontré à l'aube de la philosophie moderne que rationalité et peur ne sont nullement incompatibles. Jonas est le premier à faire référence à Hobbes et à montrer ce qui le sépare de lui. Ce n'est pas nous, ce sont nos enfants ou nos arrière-petits-neveux qui seront peut-être les victimes des catastrophes que nous n'aurons pas su empêcher en prenant les devants. Chez Hobbes, chacun donne évidemment la priorité absolue à sa propre autoconservation. Dans notre situation, écrit Jonas, « ce qui doit être craint n'a précisément pas encore été éprouvé. [...] Ici le *malum* imaginé doit donc assumer le rôle du malum éprouvé [...] se procurer cette représentation par une pensée tournée vers l'avenir devient la première obligation ». « Mais on voit aussitôt, ajoute-t-il, que n'étant pas le mien, ce *malum* imaginé ne provoque pas la crainte de la même façon automatique que le fait le *malum* que j'éprouve et qui me menace moi-même [...] La situation n'est donc pas aussi simple que pour Hobbes qui lui aussi prend comme point de départ de sa morale la crainte d'un *summum malum* au lieu de l'amour d'un *summum bonum*, à savoir la crainte d'une mort violente »[72].

La pensée de Jonas serait tout empreinte de théologie. Je crains que cette critique ne repose sur une confusion entre théologie et métaphysique, qui sont, il est vrai, deux branches cousines de la réflexion spéculative. C'est une éthique séculière que Jonas entend bâtir. Posant comme Illich « la question de savoir si, sans le rétablissement de la catégorie du sacré qui a été détruite de fond en comble par l'*Aufklärung* scientifique, nous pouvons avoir une éthique capable d'entraver les pouvoirs extrêmes que nous possédons aujourd'hui et que nous sommes presque forcés d'acquérir et de mettre constamment en œuvre », il conclut sans ambiguïté : « Une religion absente ne saurait décharger l'éthique de sa tâche »[73]. Mais veut-on dire que la théologie serait, comme la peur, l'ennemie de la pensée ? J'ai plaidé avec Jonas qu'on ne pouvait faire l'économie de la métaphysique. Comme cette dernière, la théologie est, ou peut être, une discipline rationnelle. L'air du temps voudrait qu'il n'y ait de réflexion éthique digne de ce nom que dans l'arrachement à l'emprise du religieux. Pour être moral, il faudrait être athée. L'indigence de cette position se passe de commentaire[74].

La conception absolutiste de Jonas ne pourrait conduire qu'à l'*inaction*. Jonas est le premier à faire justice de cette accusation gratuite : « La peur qui fait essentiellement partie de la responsabilité n'est pas celle qui déconseille

72. Hans Jonas, *Le Principe Responsabilité*, *op. cit.*, p. 67-68.

73. *Ibid.*, p. 60-61.

74. Pour une analyse profonde et acerbe du sottisier auquel mène cette attitude, je renvoie au livre de Monique Canto-Sperber, *L'Inquiétude morale et la Vie humaine*, Paris, PUF, 2001.

d'agir, mais celle qui invite à agir », écrit-il dans *Le Principe Responsabilité*[75]. En vérité, il n'y a pas d'*action* qui exprime plus hautement la liberté de l'homme que de fixer des limites à sa capacité individuelle d'agir, sous forme d'impératifs, de normes et de règles à validité universelle, et de s'y tenir. C'est par cette autolimitation que les individus deviennent des personnes autonomes entrant en communication les unes avec les autres. Penser cela, est-ce inévitablement verser dans le totalitarisme en politique ? C'est évidemment le contraire qui est vrai. Ou le débat démocratique au sujet des nouvelles menaces va porter de plus en plus sur les limites que les sociétés industrielles vont devoir s'imposer à elles-mêmes, en coordination les unes avec les autres, ou bien c'est un écofascisme terrifiant qui risque d'imposer sa loi à la planète.

Il est exact qu'il y a parfois chez Jonas des accents autoritaires assez inquiétants[76]. Mais je n'ai aucunement l'intention de proposer une lecture critique exhaustive du *Principe Responsabilité*. Je laisserai de côté des pans entiers de l'œuvre de Jonas, en particulier tout ce qui concerne son ontologie du bien. Je me contente de dialoguer avec lui sur quelques points qui recoupent ma propre démarche. Je trouve chez Jonas des intuitions philosophiques souvent fulgurantes et je les fais fructifier en tant que de besoin. La philosophie contemporaine est coupée en deux, on ne le sait que trop, écartelée entre une philosophie logique, dite « analytique », s'écrivant aujourd'hui principalement en anglais, et une philosophie continentale, héritière de la phénoménologie, qui s'écrit surtout en allemand et en français. Les esprits libres n'ont cure de ce

75. *Op. cit.*, p. 421.

76. Ainsi, il n'hésite pas à écrire que, forts d'une espérance eschatologique, les êtres humains devraient pouvoir « accepter comme prix nécessaire pour le salut physique une pause de la liberté dans les affaires extérieures de l'humanité » (*Pour une éthique du futur*, *op. cit.*, p. 115).

schisme. Jonas reconnaît que sa participation à la vie philosophique du vingtième siècle, qui s'est prolongée sur plus de soixante-dix ans, « s'est tenue à l'écart de courants importants, et plus particulièrement du puissant courant de la philosophie analytique [77] ». Je tiens pour ma part que Jonas aurait pu trouver les outils intellectuels qui lui ont manqué [78] dans la théologie et la métaphysique rationnelles que ladite philosophie analytique n'a jamais cessé d'approfondir. Je partage avec Jonas la conviction que notre situation présente nous impose de donner la priorité à l'éthique sur la politique, mais aussi à la métaphysique sur l'éthique : « La foi peut donc très bien procurer à l'éthique le fondement, mais elle-même n'est pas disponible sur commande. [...] La métaphysique en revanche a été depuis toujours une affaire de la raison et celle-ci se laisse mobiliser quand il le faut [...] le philosophe séculier qui s'efforce d'établir une éthique doit au préalable admettre la *possibilité* d'une métaphysique rationnelle, nonobstant Kant [...] [79]. » La « déconstruction » de la métaphysique occidentale commence en effet avec Kant, mais il est bien connu que la philosophie analytique ne s'est jamais laissé intimider par l'entreprise « déconstructionniste », qu'il s'agisse de Kant ou de Derrida !

Avouerai-je enfin que le dernier trait qui me séduit chez Jonas est son nom ? Il partage celui-ci avec un autre prophète de malheur qui lui est antérieur de près de vingt-huit siècles. Sans tomber dans le mysticisme, je ne peux m'empêcher d'y voir comme un prodigieux clin d'œil du destin. Les théoriciens de la précaution aimeraient bien

77. *Ibid.*, p. 24.
78. « Philosophiquement, la métaphysique est tombée de nos jours en disgrâce, écrit Jonas, mais nous ne saurions nous en passer ; aussi nous faut-il nous y risquer à nouveau » (*ibid.*, p. 90). Ceci ne vaut que pour la philosophie « continentale ».
79. Hans Jonas, *Le Principe Responsabilité*, *op. cit.*, p. 98-99.

jeter par-dessus bord le Jonas qui les embarrasse, comme des marins étrangers s'y résolurent dans le cas de son lointain ancêtre. Je montrerai que les mésaventures de ce premier Jonas, le parangon de tous les boucs émissaires, touchent au cœur du renversement métaphysique que je propose.

II

Les limites de la rationalité économique

6. La précaution, entre le risque et l'incertain

> La sagesse ne consiste pas à prendre indifférem-ment toutes sortes de précautions, mais à choisir celles qui sont utiles et à négliger les superflues.
>
> Jean-Jacques Rousseau, *Julie ou la Nouvelle Héloïse*.

Nous trouvons donc sur notre chemin l'inévitable « principe de précaution ». Même s'il est déjà entré dans les textes, dans le droit international, le droit communautaire aussi bien que le droit français, les définitions qu'on en trouve et les commentaires qui les accompagnent donnent parfois l'impression comique que l'on cherche à décrire précisément un objet dont l'existence même est incertaine. Après tout, n'est-ce pas la raison d'être du principe de précaution que de légiférer sur des risques dont l'existence même est incertaine ? Certains bons esprits en infèrent que l'on devrait appliquer le principe de précaution à lui-même [80]. La suggestion présente un certain intérêt. Nous y reviendrons.

80. Voir David Fleming, « The Economics of Taking Care : An Evaluation of the Precautionary Principle », *in* David Freestone et Ellen Hey (éd.), *The Precautionary Principle and International Law*, *op. cit*. L'idée a été reprise par Philippe Kourilsky et Geneviève Viney dans leur rapport au Premier ministre, *Le Principe de précaution*, *op. cit.*, p. 21.

La théorie moderne de la prudence – faudrait-il dire plutôt la théorie de la prudence moderne ? – se résume pour l'essentiel à la théorie du choix rationnel que Leonard Savage et John von Neumann conçurent pendant la Seconde Guerre mondiale. C'est dans son cadre que tous les gestionnaires du risque de la planète pensent, calculent et raisonnent aujourd'hui, qu'ils travaillent sur la fiabilité d'un programme scientifique et industriel de l'importance du programme Apollo ou qu'ils conçoivent de nouvelles polices d'assurance adaptées aux progrès de la génétique. La prévention des risques, une idée vieille comme le monde, s'intègre parfaitement dans ce cadre. Il vaut mieux parfois prévenir que guérir : la démarche « coûts-avantages », qui n'est qu'un autre nom donné à la théorie de la décision rationnelle, permet de dire ce qu'il en est, dans tel ou tel cas précis. On compare les coûts d'une action préventive, qui sont en général assez bien connus, aux bénéfices escomptés, lesquels, puisqu'il s'agit de prévenir un événement aléatoire, ne sont connus qu'en probabilité. Parfois, l'incertitude est telle qu'il est impossible ou arbitraire d'affecter des probabilités à l'aléa, du moins en tant que ces probabilités se veulent le reflet d'une fréquence observable. De nombreuses techniques de calcul sont alors disponibles qui prennent le relais. Parmi elles, on trouve la démarche du *minimax*, que nous avons déjà rencontrée – il s'agit de choisir l'option qui minimise le dommage maximal –, et le recours aux probabilités subjectives, dont nous allons parler.

La question, insistante et intrigante, est celle-ci : pourquoi donc a-t-on un jour pensé qu'il fallait concevoir une autre philosophie de la décision dans l'incertain qui serait applicable à ces nouveaux « risques » qui touchent l'environnement, la santé, l'alimentation ou l'activité industrielle ? Pourquoi a-t-on éprouvé le besoin de doubler la notion de prévention par celle de « précaution » ?

Il serait trop simple de répondre que le degré d'incertitude et l'importance des menaces nouvelles requièrent un nouvel instrument. Je répète que la théorie de la décision rationnelle comme forme moderne de la prudence (*phronesis*) a été conçue dans son principe comme devant avoir une validité universelle. On constate d'ailleurs avec amusement que les économistes qui se sont emparés de l'objet nouveau lui ont appliqué les bonnes vieilles méthodes qu'ils maîtrisent parfaitement. Le rapport sur le principe de précaution qui fut remis au Premier ministre en janvier 2000 se pose la même question. « Les convergences entre précaution, prévention et prudence pourraient justifier que l'on remplace le principe de précaution par un principe de prudence qui engloberait précaution et prévention », conjecturent Philippe Kourilsky et Geneviève Viney. Ils ne sont d'ailleurs pas loin de franchir le pas eux-mêmes puisqu'ils écrivent : « Inscrit dans le cadre de la prudence, le principe de précaution consacre l'exigence sociale d'un renforcement de la prévention et d'une application inédite des instruments de la prévention [à ces nouveaux risques] [81]. »

La théorie de la précaution a de gros progrès à faire. Dans son état actuel, elle se trouve entachée d'innombrables imprécisions, contradictions et inconséquences. Mon ambition, je le répète, n'est pas de la sauver. Il m'intéresse plutôt d'observer que les défaillances de la théorie résultent de la tension dans laquelle se trouvent pris ses auteurs. Ils cherchent d'un côté à cerner ce qu'il y a de radicalement inédit dans les menaces nouvelles qui justifierait une démarche elle-même sans précédent. Voulant se conformer aux canons du raisonnable et du rationnel, ils se trouvent de l'autre côté immanquablement ramenés aux modèles de pensée qui sont depuis toujours les leurs.

81. *Ibid.*

Disons-le tout net, la théorie de la précaution n'arrive pas à se déprendre de la démarche « coûts-avantages ».

Considérons par exemple la version du principe de précaution que l'on trouve exposée à l'article premier de la loi du 2 février 1995 relative au renforcement de la protection de l'environnement (dite loi Barnier) : « L'absence de certitudes, compte tenu des connaissances scientifiques et techniques du moment, ne doit pas retarder l'adoption de mesures effectives et proportionnées visant à prévenir un risque de dommages graves et irréversibles à l'environnement à un coût économiquement acceptable. » Ce texte se trouve écartelé entre la logique du calcul économique et la conscience que le contexte de la décision a radicalement changé. D'un côté, les notions familières et rassurantes d'efficacité, de commensurabilité et de coût raisonnable ; de l'autre, l'insistance sur l'incertitude des connaissances et la gravité et l'irréversibilité des dommages. Il serait trop facile de plaider que, si l'incertitude est avérée, nul ne peut dire ce qu'est une mesure proportionnée (selon quel coefficient ?) à un dommage qu'on ne connaît pas, et donc dont on ne peut dire s'il sera grave ou irréversible ; ni évaluer ce que serait le coût d'une prévention suffisante ; ni dire, à supposer que ce coût se révèle « inacceptable », comment l'on devrait trancher, entre le salut de l'économie et la prévention de la catastrophe.

Tous les théoriciens de la précaution n'ont pas ces états d'âme. Les économistes purs et les spécialistes de la théorie de l'assurance n'éprouvent aucun scrupule à faire fonctionner leurs machines bien rodées. Nous allons faire un bout de chemin en leur compagnie, car il est vrai que la démarche économique, reposant sur la théorie de la décision en avenir incertain, a des ressources importantes. Il convient de les évaluer avant de conclure éventuellement à leur insuffisance.

L'incertain et les probabilités subjectives

Comme je l'ai déjà noté, la notion de risque trouve pleinement son sens dans le contexte des jeux de hasard. C'est dans ce contexte qu'ont été élaborées la théorie des probabilités et la théorie des paris. Si, pour jouer à pile ou face dans un jeu où je gagne 200 F si pile sort et perds 100 F si c'est face, on me demande un droit d'entrée de 60 F, il est rationnel pour moi de m'abstenir. J'arrive aisément à ce résultat en multipliant les gains et les pertes par leurs probabilités respectives, celles-ci trouvant une assise objective dans les fréquences d'occurrence des événements correspondants. Il était tentant d'étendre, par analogie, cette démarche à toutes sortes de décisions assimilables à des paris. Je fais un pari en jouant à la bourse, cette institution étant facilement assimilable à un gigantesque casino. On peut dire que j'en fais également un en investissant dans tel secteur de l'économie, même si celle-ci est plus difficilement comparable à un jeu de hasard. Je fais un pari en décidant de réaliser telle course en montagne ou en embarquant sur le long-courrier qui doit m'amener à New York. Je fais un pari en choisissant une épouse. Avec Pascal, on peut même dire que je fais un pari en décidant de croire en Dieu.

Il aura fallu attendre l'année 1921 pour que deux grands économistes, Frank Knight et John Maynard Keynes, protestent que cette manière de faire est inappropriée dans les cas où il est impossible, ou en tout cas très difficile, d'assigner des probabilités objectives aux événements considérés, par exemple parce qu'ils ne se produisent qu'une fois ou que les fréquences sont inobservables. Keynes [82] et Knight [83] introduisirent alors une distinction de principe entre deux types d'incertitude : le risque et l'incertain. Il y

82. *A Treatise on Probability*, 1921.
83. *Risk, Uncertainty and Profit*, 1921.

a risque lorsque l'incertitude est probabilisable (on a accès aux fréquences) ; dans le cas contraire, on dit qu'on est dans l'incertain. Quelle règle d'action dans le cas de l'incertain faut-il adopter, qui correspondrait à la règle du pari dans le cas du risque ? On trouve dans les textes de Keynes et de Knight de l'époque des notations fort intéressantes, mais qui devaient pour l'essentiel rester lettre morte, pour une raison que nous allons examiner dans un instant.

Même si le rapport Kourilsky-Viney n'est pas aussi précis ou clair qu'il serait souhaitable, la distinction qu'il établit entre risque « avéré » et risque « potentiel » semble recouper en partie la distinction entre risque et incertain : « La distinction entre risque potentiel et risque avéré fonde la distinction parallèle entre précaution et prévention. La précaution est relative à des risques potentiels et la prévention à des risques avérés [84]. » Le risque potentiel, nous dit le rapport, n'est pas un risque en attente de réalisation – cela prouve, soit dit en passant, que le mot « potentiel » est fort mal choisi ! –, c'est un « risque de risque », un risque qui fait l'objet d'une conjecture. Les choses seraient tout d'un coup plus claires si l'on disait que le « risque potentiel » correspond à un événement dangereux qui peut ou non se produire (comme c'est le cas de tout aléa), mais à l'occurrence duquel il n'est pas possible d'affecter une probabilité. On est donc tenté de conclure que le second terme de l'alternative – celui auquel va correspondre la précaution puisque, insiste le rapport, la précaution est aux risques potentiels ce que la prévention est aux risques avérés – n'est autre que le cas de l'incertain.

Simplement, le rapport Kourilsky-Viney ne s'arrête pas là. Ayant introduit la notion de risque de risque, il glisse dans la foulée celle de probabilité de probabilité. Il raisonne comme si le fait qu'on ne puisse assigner une

84. *Le Principe de précaution*, *op. cit.*, p. 18.

probabilité à un événement incertain équivalait à dire qu'il y a bien une probabilité, mais qu'elle est inconnue. Cette probabilité inconnue, il est à son tour possible de lui assigner une probabilité, ou plutôt une distribution de probabilités. Lisons le rapport : « Les probabilités ne sont pas de même nature : dans le cas de la précaution, il s'agit de la probabilité que l'hypothèse soit exacte ; dans le cas de la prévention, la dangerosité est établie et il s'agit de la probabilité de l'accident [85]. » Des propositions telles que les suivantes prennent alors sens. Nous attribuons la probabilité e à l'*hypothèse* que la centrale nucléaire C connaîtra dans les vingt prochaines années un accident critique avec la probabilité 1 - n, et se comportera sans incident notable avec la probabilité n. Nous attribuons la probabilité 1 - e à l'*hypothèse* qu'il est certain que la même centrale ne connaîtra pas d'incident.

La distinction sur quoi tout repose paraît en définitive se réduire à ce qui sépare le cas d'un événement dont on connaît la distribution de probabilités (risque avéré à quoi correspond la prévention) de celui d'un événement dont on ne connaît pas la distribution de probabilités mais pour lequel on peut assigner une distribution de probabilités à cette distribution de probabilités inconnue (risque « potentiel » à quoi correspond la précaution). Mais cette distinction s'évanouit en fumée dès qu'on la formule.

Le geste consistant à introduire des probabilités sur une distribution de probabilités inconnue est solidaire de celui qui a inauguré la théorie moderne de la décision rationnelle et l'introduction des probabilités subjectives. Ce geste fut accompli par le grand statisticien américain Leonard Savage dans les années quarante [86]. Savage s'était donné

85. *Ibid.*

86. Son ouvrage *Foundations of Statistics* ne paraîtra qu'en 1954. Savage y étend la justification de la théorie de l'utilité espérée déjà formulée par von Neumann et Morgenstern en 1944 au cas des probabilités subjectives.

pour tâche d'axiomatiser le comportement rationnel dans l'incertain. Les axiomes qu'il avait dégagés paraissaient, en bons axiomes, correspondre à l'évidence. L'un d'entre eux dit que, si un individu rationnel est indifférent entre une loterie A et une loterie B, il est indifférent entre chacune de ces deux loteries et toute combinaison linéaire des deux [87]. Le résultat fondamental démontré par Savage est le suivant : si un individu se conforme à ces axiomes, alors tout se passe *comme si* son comportement était la solution d'un problème de maximisation, faisant intervenir une fonction des gains et des pertes, nommée fonction d'utilité, et un ensemble de nombres que l'on peut interpréter comme des probabilités. Tout se passe comme si l'individu maximisait l'espérance mathématique de sa fonction d'utilité calculée avec les probabilités en question. Ces probabilités, Savage les qualifia de « subjectives » pour bien signifier qu'elles ne correspondent en rien à une quelconque régularité de la nature, mais simplement à une *cohérence des choix* propres à l'agent.

Il est facile de comprendre que l'introduction des probabilités subjectives réduit à néant la distinction entre incertain et risque, entre risque de risque et risque, entre précaution et prévention. Si une probabilité est inconnue, on lui assigne, « subjectivement », une distribution de probabilités et on compose ensuite les probabilités selon les règles du calcul du même nom. Il ne subsiste aucune différence avec le cas où l'on dispose d'emblée de probabilités objectives. Il devient indifférent de dire :

87. Une loterie est un ensemble de gains ou de pertes auxquels on assigne une distribution de probabilités. Si la loterie A est {une chance sur deux, je gagne 10 ; une chance sur deux, je ne gagne rien} et la loterie B est {à coup sûr, je gagne 5}, une combinaison linéaire C pourra être {une chance sur quatre, je gagne 10 ; une chance sur deux, je gagne 5 ; une chance sur quatre, je ne gagne rien}.

a) Nous savons d'un savoir certain (parce que ancré dans l'objectivité des fréquences observées) que X a une probabilité d'occurrence e ;

ou de dire :

b) Nous attribuons la probabilité subjective e à l'hypothèse que l'occurrence de X est un événement certain,

et ce, en définitive, pour la bonne raison que e × 1 = 1 × e.

L'incertitude par manque de connaissances est rabattue sur le même plan que l'incertitude intrinsèque due au caractère aléatoire de l'événement considéré. La victoire de Savage (elle fonde ce qu'on appelle le bayésianisme) se révèle être une victoire à la Pyrrhus. Elle fait litière de la distinction même que les théoriciens de la précaution voudraient marquer entre celle-ci et la prévention. Ce point illustre parfaitement l'ambition universelle de la théorie de la décision. Un économiste du risque et un théoricien de l'assurance, je le répète, ne voient et ne peuvent voir aucune différence d'essence entre la prévention et la précaution et réduisent la seconde à la première.

Cependant, la théorie de Savage devait rencontrer des difficultés intrinsèques, indépendamment de toute critique philosophique, qui devaient conduire, sinon à son abandon, du moins à des révisions substantielles. Avant d'examiner l'une de ces révisions, je voudrais faire un sort à l'un de ses succès récents, relatif au problème qui nous occupe.

Agir sans attendre d'être informé

J'ai rappelé l'origine germanique du *Vorsorgeprinzip*. Il se trouve que le principe de précaution a aussi une ascendance anglaise, sous le nom de *Precautionary principle*.

C'est dans la théorie de l'épargne, en particulier dans l'œuvre de Keynes, que ce principe voit le jour. Le grand économiste britannique découvre que le « motif de précaution » est l'une des principales raisons du fait que les agents économiques ne consomment pas tous leurs revenus immédiatement, se projetant dans l'avenir et jugeant leurs comportements d'aujourd'hui avec le regard de l'être qu'ils seront plus tard.

La théorie de l'épargne a connu des développements considérables depuis Keynes. Très récemment, une équipe d'économistes français a eu l'idée d'appliquer certaines de ses conclusions au problème qui nous occupe. De leur travail, extrêmement technique, je ne retiendrai ici qu'une idée, brillante parce que d'aspect paradoxal [88].

Considérons la même économie, soumise à des risques exogènes identiques, dans deux scénarios d'évolution de l'information différents. Dans le scénario A, l'information dont disposent les agents au sujet des risques qui les menacent restera tout au long ce qu'elle était au départ. Dans le scénario B, cette information s'améliore au fil du temps, grâce à un progrès des connaissances dont on suppose qu'il est indépendant des choix effectués par les agents. La question se pose alors : dans quel scénario les agents seront-ils amenés à consentir plus tôt des efforts de prévention ? La tentation est forte de répondre sans hésiter que c'est dans le scénario A. En B, en effet, les agents sont incités à attendre parce qu'ils savent qu'ils seront alors mieux informés et pourront prévenir les risques en meilleure connaissance de cause, donc plus efficacement.

Malgré son caractère fruste, ce modèle réussit bien à mettre en scène un aspect paradoxal du principe de précaution, en particulier dans la formulation qu'en donne la

88. Christian Gollier *et al.*, « Scientific progress and irreversibility : an economic interpretation of the "Precautionary Principle" », *Journal of Public Economics*, 75 (2000), p. 229-253.

loi Barnier : s'il faut agir de suite, c'est non seulement *en dépit* du fait qu'on ne sait pas, mais *parce qu'*on ne sait pas maintenant et qu'on en saura davantage plus tard. Un joli paradoxe en vérité.

Le modèle de nos économistes résout élégamment l'énigme. L'argument est subtil et je n'en dirai que ceci. La raison qui nous conduit à penser qu'il vaut mieux attendre dans le cas B est liée au fait qu'attendre pour agir réduit dans ce cas l'incertitude. Mais un autre effet intervient en sens inverse qui, au contraire, augmente l'incertitude lorsqu'on attend. En B, on anticipe qu'on disposera plus tard d'une information supplémentaire, mais évidemment on ne peut anticiper ce qu'elle sera. Ce point est essentiel, et nous le retrouverons plus tard dans la discussion. Il est impossible de prévoir l'état des connaissances dans l'avenir, non pour des raisons de difficulté pratique, mais par impossibilité logique : si l'on anticipait maintenant le savoir futur, ce savoir ne serait pas futur mais bien présent. Or les mesures que l'on sera amené à prendre pour conjurer le risque dépendront de cette information que, maintenant, l'on ne possède pas. *Ex ante*, c'est-à-dire avant de disposer de l'information en question, l'incertitude si l'on prend la décision d'attendre est donc plus grande dans le cas B que dans le cas A.

Deux effets jouent en sens opposé et l'issue dépend de celui qui l'emporte. Il est en tout cas démontré que des conditions existent où la perspective d'un progrès des connaissances conduit à agir préventivement plus tôt que dans le cas où un tel progrès n'est pas attendu.

Quelles sont les conditions en question ? Deux traits les caractérisent : elles ont trait à la psychologie des agents par rapport au risque, appréciée par la forme de leurs fonctions d'utilité ; elles sont si techniques sur le plan mathématique qu'aucune traduction dans la langue vernaculaire n'est envisageable.

Cela ne peut satisfaire le philosophe. Dans la mesure où le principe de précaution ambitionne d'être une règle éthique, sa justification ne saurait reposer en dernière instance sur une psychologie particulière, impossible à décrire de surcroît dans l'espace public. L'éthique n'est pas une question de préférences, elle ne reflète pas les inclinations des agents. Sans vouloir à tout prix en faire cette chose cruelle qu'affectionnait Kant, on ne peut donner une quelconque force aux impératifs éthiques s'ils se contentent de redire sur le mode du « tu dois » ce que les agents inclineraient de toute façon à accomplir. Il existe une *objectivité*, une *publicité* et une *universalité* de l'éthique que l'économie normative semble impuissante à fonder, ou même simplement à mimer. L'économie normative se croit démocratique de faire fond sur les préférences des sujets, mais elle aboutit à faire de l'éthique une question de goût.

L'aversion pour l'incertain et le malin génie de la précaution

La théorie de l'utilité de Savage a donné lieu à d'innombrables critiques, prenant parfois la forme de paradoxes [89]. L'un d'entre eux, particulièrement élégant, a une incidence directe sur notre propos. Il s'agit du paradoxe d'Ellsberg (1961) [90], conçu à partir d'une idée de Knight (1921).

Soit deux urnes. L'urne A est transparente et contient dix boules noires et dix boules blanches. L'urne B est opaque, contient également vingt boules, noires ou blanches, mais on ignore leurs proportions respectives.

89. Le plus célèbre est sans conteste le paradoxe d'Allais.

90. D. Ellsberg, « Risk, ambiguity and the Savage axioms », *Quarterly Journal of Economics*, 75 (1961), p. 643-669.

Une boule est tirée au hasard de chacune des deux urnes. Le joueur doit faire deux choses : d'abord choisir l'une des urnes et ensuite parier sur la couleur de la boule qui en est sortie. La théorie de Savage lui impose de choisir l'urne B, alors même que celle-ci le place dans l'incertain et non dans le risque, pour reprendre la distinction de Knight. Si le joueur est cohérent, en effet, tout se passe comme s'il affectait des probabilités subjectives au tirage d'une boule noire ou blanche de l'urne B. De deux choses l'une : si ces probabilités ne sont pas 50 %-50 %, le joueur doit préférer l'urne B à l'urne A et parier sur la couleur la plus probable ; si les probabilités sont exactement 50 %-50 %, il est indifférent entre les deux urnes.

Mais il semblait évident à Ellsberg que c'est au contraire l'urne A qu'il faut dans ce cas choisir, et cela parce que les probabilités y sont connues objectivement. Son sentiment fut confirmé par une enquête qu'il mena auprès des meilleurs théoriciens de la décision de son temps, lesquels choisirent en effet l'urne A dans leur grosse majorité. Tel est le paradoxe d'Ellsberg.

Récemment, deux économistes, Gilboa et Schmeidler [91], ont fait fond sur le paradoxe d'Ellsberg et proposé un affaiblissement du système d'axiomes de Savage qui conduise au choix de l'urne A dans le contexte de décision que nous venons d'étudier. Ils ont pour ce faire introduit un élément d'« aversion pour l'incertain [92] » : les agents préfèrent disposer de probabilités objectives plutôt que d'avoir à les former subjectivement sur la base d'informations insuffisantes. Cette préférence est déjà visible dans le modèle que nous avons considéré à la section précédente. L'axiomatique de Savage semble peu altérée par cet élément. Seul l'axiome

91. Gilboa et Schmeidler, « Maxmin expected utility with non-unique prior », *Journal of Mathematical Economics*, 18 (1989), p. 141-153.

92. Ne pas confondre avec la notion familière d'aversion par rapport au risque.

d'indifférence que nous avons mentionné est touché[93]. Partons de deux loteries entre lesquelles l'agent est indifférent. Mixons-les avec des probabilités connues – en d'autres termes, formons une combinaison linéaire des deux loteries avec des poids connus. L'axiome de Savage, on l'a vu, imposait à l'agent d'être indifférent entre la nouvelle loterie et ses deux parentes. L'axiomatique de Gilboa et Schmeidler, par contraste, demande à l'agent de ne pas préférer strictement l'une des deux loteries de départ à la loterie finale : il doit préférer faiblement celle-ci à l'une ou l'autre de celles-là. Pourquoi ce changement reflète-t-il une aversion pour l'incertain ? En partant de deux situations d'incertitude où les probabilités peuvent n'être qu'imparfaitement connues et en les mixant avec des probabilités connues, on améliore la connaissance des probabilités, on s'éloigne de l'incertain et on se rapproche du risque. Or il se trouve que cette modification en apparence bénigne et innocente de l'axiomatique bouleverse en profondeur l'esprit de la théorie de la décision.

La théorie à laquelle conduit l'axiomatique altérée prend en effet la forme suivante. Tout se passe comme si l'agent formait *a priori*, non pas une, mais toute une famille de distributions de probabilités subjectives. Pour chacune des possibilités de choix qui s'offrent à lui, il se fixe, dans cette famille, sur la distribution qui minimise le gain qu'il peut espérer. En d'autres termes, tout se passe comme si le joueur était flanqué d'un malin génie capable d'agir sur son esprit. Chaque fois que le joueur envisage de prendre une décision, il peut compter sur son compagnon d'infortune pour changer ses croyances sur les probabilités de départ dans le sens du pire. Il semble bien que nous tenions avec ce malin génie l'incarnation de l'esprit de la précaution, tel que ses théoriciens l'envisagent.

93. Voir note 87 ci-dessus.

Revenons au problème des urnes mis en scène par Ellsberg. Supposons que l'agent forme subjectivement au départ, relativement à l'urne B, la famille des distributions de probabilités comprises dans l'intervalle qui sépare le cas où il y a 45 % de boules noires du cas où il y en a 55 %. L'agent envisage de parier sur noir : aussitôt son malin génie lui fait croire qu'il y a 45 % de boules noires ; a-t-il plutôt la velléité de parier sur blanc, le malin génie change ses croyances et lui met dans la tête qu'il y a en fait 55 % de boules noires dans l'urne B. Quel que soit son pari au sujet de la boule tirée de l'urne B, l'agent n'est assuré de gagner qu'avec une probabilité de 45 %. Tout compte fait, il vaut mieux pour lui choisir l'urne A. Cette conclusion est conforme à l'intuition.

On dira que l'heureuse conclusion n'est obtenue que grâce à l'introduction d'une hypothèse psychologique *ad hoc* : l'aversion pour l'incertain, c'est-à-dire la préférence pour les situations où l'on dispose de probabilités objectives. Notons cependant un progrès sensible par rapport au modèle que nous avons présenté dans la section précédente : cette fois, l'hypothèse est clairement compréhensible et peut être discutée dans l'espace public.

Ce modèle est cependant affecté d'une infirmité gênante : il n'a strictement rien à dire sur l'ampleur de la famille des distributions de probabilités de départ. La détermination de cet élément essentiel est laissée à d'autres considérants. Or l'esprit de la précaution, en nous demandant, pour chaque acte envisagé, de nous fixer sur le scénario du pire, a fort besoin d'être tenu en laisse et de ne pas aller trop loin dans le catastrophisme. Même Hans Jonas, nous l'avons vu, insiste sur ce point capital. Mais sur ce « trop loin », la théorie présente reste muette.

Il n'en est pas moins vrai, du point de vue du philosophe, que, sans éclat apparent, la théorie révisée bouleverse ce qu'on appelle depuis Aristote le syllogisme pratique ; ou, plus précisément, la version que la théorie de la décision donne de ce syllogisme. Ce dernier comporte une prémisse majeure : le sujet *désire* X ; une prémisse mineure : il *croit* que le moyen *x* lui permettra d'obtenir X ; une conclusion : le sujet, s'il est rationnel, décide d'adopter le moyen *x* (ou, dans une autre version : il est rationnel pour le sujet d'adopter ce moyen). La structure même du syllogisme pratique présuppose que les désirs et les croyances *préexistent* à la décision et en sont indépendants. La théorie révisée introduit, par contraste, une boucle de rétroaction qui, semblant inverser le cours du temps, ou bien l'annuler, va de la décision (envisagée) à ses déterminants, en l'occurrence les croyances. La philosophie de l'action fait des croyances (et des désirs) tout à la fois des causes et des raisons de l'action. Il faut donc arriver à penser que ces raisons, comme ces causes, puissent *suivre* cela même dont elles sont les raisons et les causes.

Je doute que la pensée économique puisse aller beaucoup plus loin dans la définition de cet objet nouveau que serait la précaution, en tant qu'il serait autre chose que le type de prudence qui se manifeste dans la prévention.

7. Le voile d'ignorance et la fortune morale

> La beauté et l'infini veulent être regardés sans voiles.
>
> Victor Hugo,
> *Post-scriptum de ma vie.*

La théorie de la décision reformulée dans le but d'échapper à certains de ses paradoxes conduit à la stratégie connue sous le nom de *minimax* : il s'agit de minimiser la perte maximale (ou bien, dans la version *maximin* qui lui est en principe équivalente, de maximiser le gain minimal). Cette stratégie a d'abord été conçue pour caractériser le comportement d'un joueur participant à un jeu de hasard, un joueur qui serait infiniment prudent (on parle d'aversion infinie *par rapport au risque*), au sens où il ferait comme si le pire était toujours sûr [94]. Il est

94. Je le répète dans l'espoir de dissiper un malentendu que l'on trouve partout, en particulier, nous l'avons vu, chez les critiques de Jonas : *cela ne veut aucunement dire que le joueur croit que « le pire » va se réaliser*. Premièrement, il n'y a pas « un pire », mais autant que de lignes d'action envisagées ; deuxièmement, il ne s'agit pas de dire ce que le joueur *croit* au sujet de l'avenir *actuel*, mais de dire comment il *raisonne* en comparant des avenirs *conditionnels* : si je faisais ceci, voici ce qui se produirait.

donc fort intéressant de voir qu'une aversion par rapport à l'*incertain* conduit à justifier la même stratégie. Tout se passe comme si le joueur qui préfère disposer de probabilités objectives plutôt que d'avoir à les former subjectivement sur la base d'informations insuffisantes se comportait comme un joueur infiniment prudent, au sens de la stratégie *minimax*.

Cependant, je le répète, cette discussion nous laisse sur le terrain de la subjectivité et de la psychologie, un terrain qu'il nous faut quitter absolument si nous voulons fonder quelque chose de l'ordre de l'objectivité éthique [95].

Or il se trouve dans la littérature philosophique contemporaine un cas célèbre de justification d'une stratégie *minimax* qui échappe complètement à toute psychologie. Ce cas est d'autant plus intéressant à analyser dans le contexte de la présente discussion qu'il a fait l'objet de contresens répétés, en particulier de la part des économistes, qui l'ont rabattu aussitôt sur le plan de la psychologie. Je fais référence à la manière dont John Rawls justifie, dans sa *Théorie de la justice*, le choix des principes qu'il défend dans un contexte laissé volontairement dans l'incertain et justement nommé « voile

95. Grande spécialiste de l'évaluation et de la gestion des risques à l'université Stanford, Marie Elisabeth Paté-Cornell défend de façon convaincante la thèse que l'aversion par rapport à l'incertain est une source de gaspillages économiques et sociaux. Prise comme base d'une politique de prévention, cette aversion peut conduire à dépenser trop de ressources sur le front des risques mal connus, pour lesquels on ne dispose pas de probabilités fiables, et pas assez de ressources pour s'attaquer à la prévention de risques bien connus. (On peut songer à la faiblesse relative des moyens consacrés en France à la prévention des accidents de la route ou à la réduction de la consommation de tabac et d'alcool.) Voir son article de synthèse : Marie Elisabeth Paté-Cornell, « Uncertainties in risk analysis : Six levels of treatment », *Reliability Engineering and System Safety*, Elsevier, 54, 1996, p. 95-111. J'en tire pour ma part la conclusion que ce n'est pas sur un trait psychologique du type de l'aversion par rapport à l'incertain que l'on peut construire une éthique adaptée au temps des catastrophes.

d'ignorance »[96]. La philosophie de Rawls s'inscrit dans le cadre déontologique de la morale kantienne. Sa cible principale est le conséquentialisme, surtout dans la variante utilitariste qui aura dominé la scène philosophique de langue anglaise pendant presque deux siècles.

Imaginons que les membres d'une société débattent des principes de justice auxquels doit satisfaire la structure fondamentale de l'ordre social. Si, comme cela est le cas dans toutes les instances délibératives d'une société démocratique, chacun se présente avec ses conditionnements d'être social et historique, mû par des intérêts de classe ou de statut, et prêt à jouer de la ruse ou de la force pour être le mieux placé possible dans le marchandage collectif, il est évident que l'accord unanime est impossible. Mais, dit Rawls en bon kantien, des êtres ainsi motivés et soumis à l'hétéronomie de leurs déterminations spécifiques n'agissent pas en tant qu'individus libres et rationnels mais comme des créatures appartenant à un ordre inférieur. Leur délibération n'a donc aucune valeur éthique, étant soumise à la contingence des faits naturels et sociaux.

Or, la solution imaginée par Rawls pour faire du contrat social un acte collectif *équitable* est fort peu kantienne. Il ne s'agit pas de soustraire le domaine éthique à l'ordre de la finalité et aux intérêts pour les choses de ce monde. Selon Kant, il suffit que la motivation d'un acte ait à voir avec le plaisir ou le bonheur qu'il procure pour que, si noble et élevé soit-il, cette souillure par l'univers sensible des inclinations naturelles nous fasse déchoir de l'ordre moral. Le « désintéressement » rawlsien n'a pas cette sainteté et ce caractère absolu.

Les sociétaires délibéreront dans des conditions équitables, suppose Rawls, s'ils sont dépourvus des informations qui les amèneraient, s'ils les possédaient, à influencer

96. John Rawls, *Théorie de la justice*, Paris, Éd. du Seuil, 1987.

les débats dans un sens favorable à leurs intérêts particuliers. Il imagine donc une situation de départ hypothétique, la *position originelle,* dans laquelle chacun ignore tant sa place dans la société, son statut social et son appartenance de classe, que ses capacités intellectuelles et physiques, aussi bien que ses inclinations de toute sorte et que ses caractéristiques psychologiques. Placés sous ce *voile d'ignorance*, les sociétaires jugent en tant que personnes libres et rationnelles, en situation d'égalité. Mais leurs motivations restent purement intéressées.

Puisque chaque sociétaire se trouve exactement dans la même position par rapport aux autres que chacun de ceux-ci par rapport à lui, l'accord sur les principes de justice qui doivent gouverner les structures de base de la société ne peut être qu'unanime. L'unanimité est donc ici une nécessité logique, qui découle des conditions de la position originelle. Privés de la connaissance de ce qui pourrait les dresser les uns contre les autres, leurs intérêts, leur conception de la vie bonne, etc., les sociétaires se déterminent, littéralement, comme un seul homme. Se croyant en terrain connu, les économistes lecteurs de Rawls en ont conclu qu'il s'agissait d'un problème de décision classique, celui du choix rationnel d'un individu isolé en situation d'incertitude non probabilisable. L'auteur de *Théorie de la justice,* dont les formulations parfois imprécises ou ambiguës ne sont pas étrangères à cette interprétation, a eu depuis plusieurs fois l'occasion de la dénoncer comme contresens. Car il est question ici d'un contrat social et non d'un mécanisme de type « main invisible » : les sociétaires se parlent, et s'engagent les uns vis-à-vis des autres. La promesse, l'engagement, le pacte sont des régulateurs éthiques et politiques totalement étrangers à l'univers de l'*homo œconomicus,* et ils jouent un rôle de premier plan dans la problématique de *Théorie de la justice*. L'unanimité rawlsienne n'est donc pas de celles auxquelles arrivent, parce qu'ils font face à un problème identique, des individus rationnels, séparés et sans relations : c'est le consentement partagé d'êtres autonomes et rationnels aux implications nécessaires de l'équité.

La tâche à laquelle Rawls s'astreint tout au long de son ouvrage est de montrer que, dans ces conditions, l'accord des sociétaires se fera sur un ensemble de principes de justice particuliers, soigneusement formulés et hiérarchisés. A vrai dire, Rawls ne prétend pas démontrer que c'est là l'*optimum optimorum*. Il se contente plus modestement de prouver que, placés devant une liste réduite de conceptions distinctes de la justice, parmi lesquelles on trouve les principes en question, les sociétaires tomberont d'accord sur ces derniers. Les concurrents principaux sont diverses variantes de l'utilitarisme.

Nous ne retiendrons ici de ces principes que le point suivant : l'obligation rationnelle que ces principes imposent aux sociétaires dans la position originelle de juger du point de vue de celui qui, dans le monde réel, sera le plus défavorisé. Les principes rawlsiens de la justice demandent que la position du plus mal loti dans divers domaines, soigneusement hiérarchisés, soit maximisée.

Ce dernier trait a retenu l'attention des commentateurs, et beaucoup ont critiqué Rawls d'avoir doté ses sociétaires d'une « aversion infinie pour le risque ». Le *maximin*, a-t-on dit, au fond rassuré de se retrouver en terrain connu, c'est le principe familier de la théorie de la décision dans l'incertain. Pourquoi les sociétaires raisonneraient-ils ainsi, a-t-on aussitôt rétorqué, pourquoi devraient-ils se placer systématiquement dans la peau du plus mal loti ? Un joueur de poker ne courrait-il pas le risque d'être esclave si cela lui donnait une chance d'être roi ?

Il suffit, pour se persuader de la fausseté de cette interprétation, de rappeler ceci : *la psychologie des sociétaires n'a rien à voir à l'affaire, puisque ceux-ci ignorent tout à son sujet*. L'argument de Rawls est en vérité d'un tout autre ordre. Les sociétaires ne sont pas des décideurs isolés, ce sont des associés qui s'engagent les uns par rapport aux autres à respecter un contrat selon des principes définis publiquement et acceptés unanimement. Le contrat crée des liens et l'engagement des contraintes. Nul ne se liera s'il est dans le doute au sujet de sa capacité d'honorer sa promesse. D'autant que celle-ci est définitive, irrévocable et que son objet n'est rien de moins que la structure de base de la société. Si deux conceptions de la justice sont en concurrence, et que l'une rend possibles, ou *a fortiori* nécessaires, des positions inacceptables par quiconque alors que l'autre exclut une telle éventualité, c'est cette dernière qui devra être choisie. Imaginons en effet qu'un sociétaire se soit engagé de manière irrévocable, sous voile d'ignorance, sur des principes d'organisation de la société, et qu'une fois le voile dissipé, il se retrouve dans une position qui, *du fait même de l'organisation sociale à laquelle il a souscrit*, lui apparaisse comme moralement intolérable. Ce sociétaire serait confronté à un dilemme moral insoluble et intolérable : ou il renierait un engagement qu'il jugeait lui-même définitif, ou il s'accommoderait de ce qu'il juge inacceptable, en perdant toute dignité. Quel sentiment moral éprouverait-il alors ? Il y a un mot pour le désigner : le *regret* ; une expression aussi, et l'émotion qui l'accompagne : « Trop tard ! »

Tout l'effort de Rawls consiste à prouver que le détenteur de la position la moins favorable est condamné à se voir, dans une société gouvernée par des principes utilitaristes, comme un simple moyen au service d'une fin qui le dépasse. Nul ne peut conserver le respect de soi-même dans ces conditions, car ce respect s'alimente du respect que vous portent les autres – qui est ici inexistant. En revanche, la conception de la justice que Rawls défend, fait, selon lui, du sociétaire le plus mal loti un citoyen à part entière, à l'égal de tous les autres. Ce qui suffit à prouver la supériorité de la conception rawlsienne.

Ce n'est pas le lieu d'examiner plus profondément les arguments avancés par Rawls pour justifier cette thèse. Ce qui nous intéresse ici est la possibilité de fonder une position « catastrophiste » – au sens du privilège accordé au « scénario du pire » – sur un socle plus solide et universel qu'une psychologie particulière par rapport à l'incertain. Il reste à voir si une démonstration semblable peut être fournie dans le cas qui nous occupe, à savoir la posture philosophique à adopter face aux menaces nouvelles.

Pour avancer dans cette direction, il est utile d'introduire une notion de la philosophie morale qui, dans le contexte néokantien qui domine sous nos latitudes, ne peut sonner que comme un oxymore, une contradiction dans les termes : la notion de « fortune morale » (*moral luck* en anglais). Elle va nous permettre en effet de prendre la mesure de l'abîme qui sépare le jugement probabiliste, quels que soient ses raffinements, du jugement moral (ou, tout simplement, du jugement que l'on porte à l'aune de la rationalité, à condition de ne pas réduire celle-ci à la conception singulièrement appauvrie qu'en donnent les économistes).

Supposons qu'il y ait dans une urne telle que l'urne A du problème d'Ellsberg deux tiers de boules noires contre un tiers de boules blanches. Il s'agit encore de parier sur une couleur. Il faut évidemment parier sur noir. Soit un nouveau tirage, il faudra encore parier sur noir. Il faudra *toujours* parier sur noir, alors même que l'on anticipe que dans un tiers des cas en moyenne on est condamné à se tromper. Supposons qu'une boule blanche sorte et qu'on découvre donc que l'on s'est trompé. Cette découverte *a posteriori* est-elle de nature à altérer le jugement que l'on porte rétrospectivement sur la rationalité du pari que l'on a fait ? Non, bien sûr, on a eu raison de choisir noir, même s'il se trouve que c'est blanc qui est sorti. Dans le domaine des paris, il n'y a pas de rétroactivité concevable de l'information devenue disponible sur le jugement de rationalité que l'on porte sur une décision passée faite en avenir incertain ou risqué. Pour le dire dans les termes de la philosophie analytique : la base de *survenance* du jugement probabiliste ne peut inclure aucune information qui ne soit disponible qu'après que l'on a agi. Or c'est là une limitation du jugement probabiliste dont on ne trouve pas l'équivalent dans le cas du jugement moral.

Dans une soirée bien arrosée, un homme boit immodérément. Il décide néanmoins, en connaissance de cause, de prendre sa voiture pour rentrer chez lui. Il pleut, la chaussée est mouillée, le feu passe au rouge, l'homme freine rageusement, mais un peu trop tard, sa voiture s'immobilise, après un léger dérapage, *au-delà* du passage piétons. Deux scénarios sont possibles : il n'y avait personne sur le passage. L'homme en est quitte pour une bonne frousse rétrospective. Ou bien : l'homme renverse un enfant et le tue. Le droit, bien sûr, mais surtout la morale, ne porteront pas le même jugement dans l'un et l'autre cas. Variante : l'homme a pris sa voiture en étant sobre. Il n'a rien à se reprocher. Mais il y a un enfant qu'il renverse et tue ou bien il n'y en a pas. Ici encore, l'issue imprévisible rétroagit sur le jugement que l'on porte sur la conduite de cet homme et aussi sur le jugement qu'il porte lui-même sur sa propre conduite.

Voici un exemple dû au philosophe britannique Bernard Williams [97], que nous simplifions fortement. Un peintre – nous le nommerons « Gauguin » par commodité – décide de quitter sa femme et ses enfants et de partir pour Tahiti afin de vivre une autre vie qui lui donnera la chance, espère-t-il, de devenir le génie de la peinture qu'il ambi-

97. Bernard Williams, *Moral Luck*, Cambridge, UK, Cambridge University Press, 1981.

tionne d'être. A-t-il raison d'agir ainsi ? est-il moral d'agir ainsi ? Williams défend avec beaucoup de sensibilité et de subtilité la thèse que, s'il y a une justification possible de son acte, elle ne peut être que rétrospective. Seuls le succès ou l'échec de son entreprise nous permettront – lui permettront – de porter un jugement. Or le fait que Gauguin devienne ou non un peintre de génie est en partie une question de chance – la chance d'être capable de devenir ce que l'on a l'espoir d'être. Gauguin, en prenant sa décision douloureuse, ne peut pas savoir ce que l'avenir lui réserve, comme l'on dit. Dire qu'il fait un pari serait incroyablement réducteur. Dans son aspect paradoxal, le concept de « fortune morale » vient précisément combler un manque dans la manière dont nous pouvons décrire ce qui est en jeu dans ce type de décision dans l'incertain.

Il s'exerce aujourd'hui une pression forte sur le droit de la responsabilité civile comme sur le droit de la responsabilité pénale pour que, dans le contexte des nouvelles menaces, ils rompent avec le principe de non-rétroactivité de la loi : « La loi ne dispose que pour l'avenir ; elle n'a point d'effet rétroactif », ainsi dispose l'article 2 du Code civil. Écrivant sur ce que l'on appelle le « risque de développement » – le risque qu'un produit soit « affecté par un défaut indécelable et imprévisible dont la connaissance ne se manifestera qu'après un certain délai, et dont l'imputation au produit ou au producteur ne pourra se faire que dans un autre état de la science que celui au sein duquel le produit a été mis en circulation, utilisé et consommé » –, François Ewald trouve des accents tragiques pour dire la transformation qui bouleverse le droit de la responsabilité. Comme dans la *Cinquième Symphonie* de Beethoven, le thème du destin qui frappe à la porte y revient comme un leitmotiv :

Le principe classique de la responsabilité civile, formulé par l'article 1382 du Code civil, qui faisait intervenir la faute, supposait que l'on ne pouvait être responsable que de ce que l'on pouvait savoir, que l'on ne pouvait pas se trouver responsable sans avoir pu avoir conscience de mal faire. Jusqu'alors, on était jugé et sanctionné pour ce que l'on devait savoir, ce que l'on aurait dû savoir, cela étant nécessairement défini dans le cadre d'un certain état de la science et des connaissances. La question qui est posée par l'hypothèse du risque de développement est neuve en ce sens qu'il s'agit de régler une sorte de conflit de lois dans le temps. Peut-on équitablement juger d'un acte autrement qu'en fonction des éléments qui en accompagnaient la conscience ? N'y a-t-il pas injustice à juger d'un acte en fonction d'un autre état de la conscience que celui selon lequel il a pu être effectué ? Est-il juste, même à des fins d'indemnisation, d'apprécier un acte en fonction de soupçons et de doutes que l'on n'est capable de formuler qu'après coup ?

On peut dire qu'avec la question du risque de développement nous redécouvrons la figure du destin, mais avec cette différence que, dans le monde antique, le destin ne renvoyait qu'aux dieux, alors que, pour nous, il est désormais toujours et nécessairement lié à une figure humaine. Notre figure du tragique appartient au monde de la technologie, c'est celle de ces situations où, en raison de transformations dans la conscience et dans la nature des choses, le consommateur va découvrir, dans une sorte de *révélation rétroactive*, le mal qui le frappe, sa déception, sa confiance déçue : « ce n'était pas ce que je croyais, ce que j'attendais, ce qu'on m'avait dit, promis » ; où, de son côté, l'industriel est poursuivi pour quelque chose que non seulement il n'avait pas voulu, pu vouloir, mais qu'il avait tout fait pour éviter : « je n'ai pas fait ça, je n'ai pas voulu ça, je n'ai pas pu vouloir ça ». La question ne se pose qu'en

> fonction d'une nouvelle conjoncture du rapport savoir-pouvoir et des problèmes de responsabilité qu'elle induit, qu'à partir de la prise de conscience que nos sociétés sont vulnérables à un nouveau type de risque, dans une nouvelle conscience du tragique [98].

Nous avons maintenant tous les éléments pour réunir l'analyse du voile d'ignorance et celle de la fortune morale. Comme le Gauguin de Bernard Williams, mais à une tout autre échelle, l'humanité prise comme sujet collectif a fait un choix de développement de ses capacités virtuelles qui la fait tomber sous la juridiction de la fortune morale. Il se peut que son choix mène à de grandes catastrophes irréversibles ; il se peut qu'elle trouve les moyens de les éviter, de les contourner ou de les dépasser. Personne ne peut dire ce qu'il en sera. Le jugement ne pourra être que rétrospectif. Cependant, comme c'est le cas avec la problématique rawlsienne, il est possible d'anticiper, non pas le jugement lui-même, mais le fait qu'il ne pourra être porté que sur la base de ce que l'on saura lorsque le voile sera levé. *Il est donc encore temps* de faire que jamais il ne puisse être dit par nos descendants : « trop tard ! » – un trop tard qui signifierait qu'ils se trouvent dans une situation où aucune vie humaine digne de ce nom n'est possible. « Nous voici assaillis par la crainte désintéressée pour ce qu'il adviendra longtemps après nous – mieux, par le *remords anticipateur* à son égard », écrit Jonas [99]. C'est donc *l'anticipation de la rétroactivité du jugement* qui fonde et justifie la posture catastrophiste [100].

98. François Ewald, « Précaution, incertitude et responsabilité », entrée « Risques technologiques », *Encyclopaedia Universalis*, Paris, éd. 2001 (je souligne).

99. Hans Jonas, *Pour une éthique du futur*, *op. cit.*, p. 103.

100. J'observe avec amusement que les discussions d'experts à l'échelle internationale qui ont abouti au protocole de Kyoto sur la nécessaire réduc-

Nous retrouverons dans la dernière partie consacrée à la métaphysique cette boucle remarquable entre l'avenir et le passé.

---

tion des émissions de gaz à effet de serre ont accouché d'un type de stratégie dit « sans regret ». L'inspiration en est exactement opposée à ce que je viens d'exposer. Il s'agit de ne surtout rien faire que l'on regretterait d'avoir fait s'il s'avérait, une fois levé ce voile d'ignorance que constitue l'imprévisibilité de l'avenir, que les prophètes de malheur avaient eu tort ! Voir Stephen R. Dovers et John W. Handmer, « Ignorance, sustainability, and the precautionary principle : Towards an analytical framework », *in* Ronnie Harding et Elizabeth Fisher (éd.), *Perspectives on the Precautionary Principle*, Sydney, Australie, The Federation Press, 1999. En français, voir Jean-Charles Hourcade, « Précaution et approche séquentielle de la décision face aux risques climatiques de l'effet de serre », *in* Olivier Godard (éd.), *Le Principe de précaution dans la conduite des affaires humaines*, *op. cit.*, p. 281-293.

8. Savoir n'est pas croire

J'appartiens à un pays vertigineux où la loterie est une part essentielle du réel.

Jorge Luis Borges, « La loterie de Babylone », in *Fictions*, Paris, Gallimard, 1957, p. 88.

Tous les théoriciens de la précaution ne sont pas comme ces économistes du risque ou ces experts de l'assurance qui s'efforcent avec une grande ingéniosité de pousser au maximum les performances de leur outil habituel en vue de rendre raison de cet objet nouveau que serait la précaution. D'autres, nombreux, s'interrogent sur ce qu'il y a de singulier ou de nouveau dans le type d'incertitude propre aux menaces qui pèsent sur l'environnement, la santé ou la paix du monde. Cette incertitude, pensent-ils, est si spécifique que seuls des outils neufs, seules des conceptions inédites de la rationalité permettraient de la traiter sinon de la réduire. Il faut imaginer des procédures de délibération, de concertation et de décision qui feront de l'incertitude angoissante un fardeau partagé, et partagé équitablement. Puisque le ciel risque de nous tomber sur la tête, serrons-nous les coudes et faisons au moins en sorte que les responsables disent la vérité aux citoyens.

Dans ce débat entre les théoriciens du risque et les chercheurs qui refusent d'isoler les processus de décision de leur contexte social et politique, la force des premiers vient de ce que le caractère inédit de l'incertitude propre aux nouvelles menaces ne saute pas aux yeux. Pourquoi faudrait-il changer les bonnes vieilles méthodes ? C'est de façon constitutive que les sciences et les arts appliqués ont affaire à des aléas. L'ingénieur qui calcule le diamètre d'un câble de sécurité, le médecin qui prescrit un nouveau médicament, le directeur de centrale atomique qui teste une méthode pour améliorer la sûreté d'un réacteur au risque de provoquer une catastrophe majeure, le chef d'État qui met en péril la paix mondiale en décidant de construire un bouclier antimissiles pour protéger son pays, tous pèsent le pour et le contre, estiment les chances et, qu'ils le sachent ou non, « font du coûts-avantages ». Qu'y a-t-il dans l'effet de serre, la maladie de la vache folle ou les accidents industriels qui justifierait que l'on procède autrement ?

Nous avons déjà rencontré des éléments de réponse. Dans le cas des menaces nouvelles, nous dit-on, l'incertitude provient moins de l'existence d'un aléa que de l'impuissance relative de la science. L'incertain n'est pas dans l'objet, mais dans le sujet connaissant. L'incertitude n'est pas objective, mais épistémique et subjective. Est-ce si sûr ? Cette interprétation a le mérite d'être rassurante et on peut parier qu'une « politique de précaution » inclura inévitablement le commandement qu'il faut poursuivre l'effort de recherche – comme si l'écart entre ce que l'on sait et ce qu'il faut savoir pouvait être comblé par un effort supplémentaire du sujet connaissant.

Il n'en est rien, hélas, et c'est encore Hans Jonas qui exprime ici le mieux la situation tragique où nous sommes : « Dans ces circonstances, écrit-il, le savoir devient une obligation prioritaire au-delà de tout ce qui était dans le passé revendiqué comme son rôle, et le savoir doit être du même ordre de grandeur que l'ampleur causale de notre agir. Or le fait qu'il ne *peut* pas réellement être du même ordre de grandeur, ce qui veut dire que le savoir prévisionnel reste en deçà du savoir technique qui donne son pouvoir à notre agir, prend lui-même une signification éthique. Le gouffre entre la force du savoir prévisionnel et le pouvoir du faire engendre un nouveau problème éthique. *Reconnaître l'ignorance* devient ainsi l'autre versant de l'obligation de savoir et cette reconnaissance devient aussi une partie de l'éthique qui doit enseigner le contrôle de soi toujours plus nécessaire de notre pouvoir excessif[101]. » La force de la position de Jonas est qu'il situe d'emblée la question au niveau éthique. Notre faire ayant dépassé certains seuils critiques, nous avons une obligation de savoir qui se heurte à l'impossibilité de savoir. Cette situation viole donc le principe méta-éthique selon lequel devoir implique pouvoir. Il n'y a en général pas d'obligation de faire ce que l'on ne peut pas faire. Et cependant, ici, nous *devons* savoir alors que nous ne le pouvons pas.

« Le savoir réclamé est *nécessairement* toujours un savoir qui n'existe pas encore pour le moment, écrit encore Jonas, et en tant que savoir anticipé il n'existera jamais sinon tout au plus comme savoir disponible au regard rétrospectif[102]. » De nombreux arguments peuvent être avancés qui ancrent l'ignorance nécessaire dont parle Jonas dans l'*objectivité* des grands systèmes qui menacent le monde. J'en distinguerai trois types.

Le premier argument a trait à la complexité des écosystèmes[103]. Cette complexité leur donne une extraordinaire

101. Hans Jonas, *Le Principe Responsabilité*, *op. cit.*, p. 33 (je souligne).
102. *Ibid.*, p. 70.
103. Voir les très remarquables développements de David Fleming, « The Economics of Taking Care : An Evaluation of the Precautionary Principle », *loc. cit.* ; David Pearce, « The Precautionary Principle and Economic Analysis », *in* Timothy O'Riordan et James Cameron (éd.), *Interpreting the Precautionary Principle*, *op. cit.* ; et, dans le même livre, Timothy O'Riordan et James Cameron, « The History and Contemporary Significance of the Precautionary Principle ».

stabilité et une non moins remarquable résilience. Ils peuvent faire face à toutes sortes d'agressions et trouver les moyens de s'adapter pour maintenir leur stabilité. Cela ne vaut que jusqu'à un certain point cependant. Au-delà de certains seuils critiques, ils basculent brusquement dans autre chose, à l'instar des changements de phase de la matière, s'effondrant complètement ou bien formant d'autres types de systèmes qui peuvent avoir des propriétés fortement indésirables pour l'homme. En mathématiques, on nomme de telles discontinuités... des catastrophes. Cette disparition brutale de la résilience donne aux écosystèmes une particularité qu'aucun ingénieur ne pourrait transposer dans un système artificiel sans être renvoyé immédiatement de son poste : les signaux d'alarme ne s'allument que lorsqu'il est trop tard. Tant que l'on est loin des seuils, on peut se permettre de taquiner les écosystèmes en toute impunité. Un calcul coûts-avantages apparaît alors inutile, ou conclu d'avance, puisque, sur le plateau de la balance où figurent les coûts, il n'y a, semble-t-il, rien à mettre. C'est ainsi que l'humanité a pu pendant des siècles se soucier comme de l'an quarante de l'impact de son mode de développement sur l'environnement. Si l'on se rapproche des seuils critiques, le calcul coûts-avantages devient dérisoire. La seule chose qui compte alors est en effet de ne surtout pas les franchir. Inutile ou dérisoire, on voit que pour des raisons qui tiennent non pas à l'insuffisance temporaire de nos connaissances, mais bien aux propriétés objectives et structurelles des écosystèmes, le calcul économique est d'un bien piètre secours. A cela il faut ajouter que nous ne savons même pas où sont les seuils.

Le deuxième argument concerne les systèmes créés par l'homme, disons les systèmes techniques, lesquels peuvent interagir avec les écosystèmes pour former des systèmes hybrides. Une des grandes questions que pose à ce propos le type de développement industriel est celle de la possibilité de substituer indéfiniment de l'artificiel au naturel [104] ou, pour reprendre la problématique illichienne, de la production hétéronome à la production autonome. Les systèmes techniques présentent des propriétés fort différentes de celles des écosystèmes, et cela en conséquence de l'importance qu'y ont les boucles de rétroaction positive. J'ai longuement analysé ce point en traitant de l'évolution technique et du théorème de von Foerster. De petites fluctuations au commencement de la vie du système peuvent se trouver amplifiées et lui donner une direction parfaitement contingente et peut-être catastrophique mais qui, de l'intérieur, s'apparente à un destin. Ce type de dynamique ou d'histoire échappe évidemment à la prévision. Dans ce cas aussi, le manque de connaissance ne résulte pas d'un état de fait qui pourrait être changé, mais d'une propriété structurelle. La non-prévisibilité est de principe.

La non-prévisibilité est également de principe pour une troisième raison, logique cette fois, que nous avons déjà rencontrée et que Jonas exprime en parlant du « caractère imprédictible, c'est-à-dire ne pouvant être inventé par avance, des inventions futures [105] ». Toute prévision d'un état de chose qui dépend d'un savoir futur est impossible, pour la simple raison qu'anticiper ce savoir serait le rendre présent et le délogerait de sa place dans l'avenir.

Je résume le débat. Parce qu'elle cherche à se distinguer de la prévention, la précaution est amenée à marquer fortement la différence entre l'incertitude probabilisable de l'aléa (à laquelle correspond la prévention) et l'incertain par manque de connaissance (auquel se rattache la précaution) ;

104. Ce point est bien mis en évidence par Timothy O'Riordan et James Cameron, « The History and Contemporary Significance of the Precautionary Principle », *ibid.*

105. Hans Jonas, *Le Principe Responsabilité*, *op. cit.*, p. 70.

dans le premier cas, l'incertitude est objective ; dans le second, elle est subjective. La théorie de la décision dans l'incertain, forte du concept de probabilités subjectives, écrase ces deux niveaux. Tout devient subjectif, puisque les probabilités affectées tant aux aléas qu'aux hypothèses que l'on forme sur eux traduisent, non une réalité extérieure, mais la cohérence des choix de l'agent. On comprend que les théoriciens de la précaution doivent se protéger contre une mainmise trop forte des économistes purs sur leur sujet. Or, l'analyse que je viens de présenter tend elle aussi à supprimer l'écart entre les deux formes d'incertitude, mais pour la raison exactement opposée.

Pourquoi considère-t-on que l'incertitude que l'on a par rapport à un événement que l'on juge *aléatoire* – disons, un accident de la route – est une incertitude *objective*, que l'on peut mesurer au moyen de probabilités ? On pourrait arguer que cette incertitude aussi est épistémique, donc subjective. C'est la chute d'un dé qui a fourni à la plupart de nos langues les mots du hasard, de la chance ou de l'aléa. Or, la chute d'un dé est un phénomène physique en lequel on voit aujourd'hui un système déterministe à stabilité faible, sensible aux conditions initiales, donc imprévisible – un « chaos déterministe », selon la terminologie maintenant consacrée. Mais le Dieu dont Laplace ne jugeait pas nécessaire de postuler l'existence, lui, saurait prévoir la face sur laquelle le dé va tomber. Ne pourrait-on donc pas dire que ce qui est incertain pour nous, mais pas pour ce Dieu mathématicien, ne l'est que par manque de connaissance de notre part ? Donc que cette incertitude est elle aussi épistémique et subjective ?

C'est à juste titre que l'on conclut différemment. Si l'aléa est imprévisible pour nous, ce n'est pas en raison d'un manque de connaissance qui pourrait être comblé par des recherches plus poussées ; c'est parce que seul un calculateur infini pourrait prévoir un avenir que, du fait de notre finitude, nous serons à jamais incapables d'anticiper. Notre finitude n'est évidemment pas à mettre sur le même plan que l'état de nos connaissances. La première est une donnée indépassable de la condition humaine ; le second, un fait contingent, qui pourrait être à tout moment différent de ce qu'il est. Nous avons donc raison de traiter l'incertitude *pour nous* de l'aléa comme une incertitude objective, bien que cette incertitude puisse disparaître pour un observateur infini. Or, notre situation par rapport aux menaces nouvelles n'est en rien différente. Il y a de la naïveté, pour ne pas dire quelque imposture, à faire dépendre la mise en œuvre du principe de précaution de « l'absence de certitudes, *compte tenu des connaissances scientifiques et techniques du moment* », ainsi que le fait la loi Barnier. Je parle d'imposture parce qu'il est ainsi sous-entendu qu'un effort de la recherche scientifique pourrait venir à bout de l'incertitude en question, qui ne serait là que de façon purement contingente[106]. Les trois types d'arguments que j'ai

106. Ronnie Harding et Elizabeth Fisher démontent très bien cette illusion, parfois entretenue par les scientifiques eux-mêmes, dans leur introduction, « Uncertainty, risk and precaution : Exploring the links », à la quatrième partie de leur livre, *Perspectives on the Precautionary Principle*, *op. cit.* Gérard Mégie montre de façon très claire que la recherche scientifique peut parfois accroître l'incertitude, et non pas la réduire. Il prend le cas dont il est le spécialiste mondial, celui de l'ozone stratosphérique : voir son « Incertitude scientifique et décision politique : le cas "historique" de l'ozone stratosphérique », *in* Olivier Godard (éd.), *Le Principe de précaution dans la conduite des affaires humaines*, *op. cit.*, p. 215-243. Les travaux déjà cités d'André Orléan sur la spéculation mimétique illustrent qu'en progressant dans le sens d'un plus grand réalisme, la théorie économique du marché dissipe l'illusion qu'une meilleure compréhension des mécanismes conduit à une plus grande maîtrise. Dans le cas de la chimie de la haute atmosphère comme dans celui de l'économie, la raison de ce qui peut apparaître d'abord comme un paradoxe est que le progrès de la science passe par celui de la modélisation. Or, dans le cas où la réalité est complexe, la fidélité du modèle à la réalité implique que lui-même soit complexe. J'utilise le mot « complexe » dans le sens qu'il a en science. La complexité du modèle implique sa non-maîtrise (impossibilité d'intégrer les équations différentielles

présentés montrent que le déficit de connaissance n'est ici pas moins structurel que celui qui nous empêche de prévoir un événement aléatoire. Il l'est même beaucoup plus puisque, tant dans le cas de l'impact de nos activités sur les écosystèmes que dans celui du développement des systèmes techniques, le recours aux probabilités et au calcul statistique perd tout fondement objectif en l'absence de toute référence à des fréquences observables. D'une incertitude objective, les probabilités ne pourraient donner ici qu'une représentation subjective, donc arbitraire. La théorie de la précaution met en scène une disjonction entre, d'un côté, l'aléa probabilisable et, de l'autre, l'incertitude épistémique. Ce qui ne relève pas de l'un appartient à l'autre, et réciproquement. Mais nous rencontrons ici ce monstre qu'est une incertitude qui n'est ni épistémique (elle n'est pas dans la tête du sujet connaissant) ni probabilisable (bien qu'objective, elle n'est pas réductible à la statistique).

Nous ne savons pas parce que nous ne *pouvons* pas savoir, compte tenu de notre implication dans des systèmes, naturels et techniques, que nous transformons et qui nous transforment – une situation que le théorème de von Foerster représente et dont il tire les conséquences. Cet incertain non épistémique et non probabilisable, il est bien difficile de le *gérer*. Les gestionnaires du risque n'ont pas prévu d'outil pour ce cas de figure, ils seraient d'ailleurs bien en peine de le *couvrir* ou bien de l'*assurer*.

---

qu'il comporte, sensibilité aux conditions initiales, etc.). Tant et si bien que la manière la plus simple de prévoir le comportement du modèle est d'observer le système physique qu'il est censé représenter ! John von Neumann fut le premier grand savant à être sensible à cette inversion paradoxale de la hiérarchie entre l'objet et le modèle. Cela est évidemment à mettre en rapport avec le thème de l'autonomisation de la technique, auquel nous avons plus haut consacré des développements. On pourra consulter mon *The Mechanization of the Mind*, *op. cit*.

Comme outil de pensée, le principe de précaution, en particulier, paraît n'être d'aucun secours. Il suffit, comme suggéré précédemment, de l'appliquer à lui-même pour le voir s'auto-invalider. Je ne me livrerai pas longtemps à ce jeu qu'ont surtout pratiqué les précautionneux raisonnables, ceux qui s'opposent à la conception catastrophiste dudit principe, mais qui peut aussi bien invalider des versions plus modérées. Appliquer le principe à lui-même, c'est d'abord se demander si les conditions de son application sont satisfaites. Cela mène à un joli paradoxe, puisque, si elles le sont – c'est-à-dire, en particulier, si on est dans l'incertitude au sujet de l'existence même d'un dommage grave et irréversible –, alors on peut ne pas savoir qu'elles le sont. On me dira que si l'on doute on sait bien que l'on doute. Certes, mais c'est que le doute est alors épistémique. Or j'ai établi que l'incertitude dans les cas qui nous occupent est dans la relation structurelle qui nous lie à l'objet. Si l'on est dans l'incertain, alors on peut très bien ne pas savoir qu'on est dans l'incertain. Les cas ne sont pas rares où la communauté scientifique est certaine à tort de l'inexistence d'un danger alors que celui-ci est objectivement incertain. Les savants, alors, se croyant à tort dans un univers certain, ne savent pas que c'est à tort qu'ils se croient dans un univers certain [107].

Dans de tels cas où l'incertitude est telle qu'elle implique que l'incertitude même est incertaine, il est impossible de savoir si les conditions d'application du principe de précau-

107. On trouverait de belles illustrations de cette configuration dans le cas de la destruction de l'ozone stratosphérique et dans celui de la maladie de la vache folle. Sur le premier point, voir la subtile analyse de Gérard Mégie déjà citée, « Incertitude scientifique et décision politique : le cas "historique" de l'ozone stratosphérique ». Sur le second, les non moins passionnants développements de Marie-Angèle Hermitte et Dominique Dormont, « Propositions pour le principe de précaution à la lumière de l'affaire de la vache folle », *in* Philippe Kourilsky et Geneviève Viney, *Le Principe de précaution*, *op. cit.*, p. 341-386.

tion sont satisfaites ou non. Si l'on admet que le principe de précaution implique le renversement de la charge de la preuve, cette indécidabilité est bien embarrassante pour lui. L'innovateur à qui l'on impose de faire la preuve, au-delà de tout doute raisonnable, de l'innocuité de son produit au nom du principe de précaution, pourra toujours faire valoir qu'il faudrait d'abord démontrer que le principe s'applique bien dans le cas d'espèce – ce qui est précisément impossible.

Appliquer le principe de précaution à lui-même, c'est aussi se fixer sur le pire scénario qui pourrait résulter de son application. La précaution, surtout conçue dans sa version « catastrophiste », est en effet elle-même une activité risquée. Elle peut s'opposer à l'introduction de produits nouveaux qui, bien que dangereux peut-être, le seraient moins que les produits dont ils prennent la place. Si la précaution entend aller jusqu'au « risque zéro », elle ne l'atteindra pas mais elle épuisera dans la tentative des ressources rares qui seraient mieux employées ailleurs ; ou bien elle interdira l'usage d'un vaccin au nom de ses risques potentiels alors qu'il aurait pu sauver de nombreuses vies, etc. Considérons les pires de ces éventualités : il est probable que l'on conclue que la précaution implique de ne pas recourir au principe de précaution. En en revenant à Jonas, le philosophe allemand Dieter Birnbacher tire la bonne conclusion de ce type de raisonnement : « Là où l'on franchit la frontière de l'incertitude, cela n'a plus aucun sens de placer dans la balance, les uns en face des autres, les éventuels inconvénients inconnus et les éventuels avantages inconnus. On atteint le point […] où l'heuristique de la peur – qui est une mauvaise conseillère dans les situations de risque au sens strict – entre en vigueur [108]. »

108. Dieter Birnbacher, *La Responsabilité envers les générations futures*, Paris, PUF, 1994, p. 143. Je corrige la traduction française, qui est pitoyable.

Je n'insiste pas plus sur l'enterrement en bonne et due forme du principe de précaution par certains de ses promoteurs[109]. Une chose est certaine à l'issue de ce débat : il ne reste pas grand-chose de la distinction entre précaution et prévention. Subsiste cependant ma question initiale, plus lancinante que jamais, à laquelle je reviens faute d'avoir pu trouver une réponse dans l'abondante littérature consacrée au principe de précaution[110]. Quelle puissante motivation a pu faire que l'on se dise un jour qu'on ne pourrait penser notre situation devant les nouvelles menaces si l'on ne se délestait pas des outils habituels ?

Il m'a fallu du temps, lire et relire les milliers de pages sur le sujet, pour soudainement voir ce qui n'était nullement caché, mais bien là, visible à l'œil nu, telle la lettre volée du conte de Poe, fixée bien en évidence sur le manteau de la cheminée. L'incertitude n'a rien à voir à l'affaire. Le manque de savoir n'est pas ce qui est en question.

Il est normal que l'on ne comprenne pas cela d'emblée. La réflexion sur la précaution se décline en d'infinies variations sur le thème unique et constamment répété,

109. On en trouvera de brillants exemples *in* Stephen R. Dovers et John W. Handmer, « Ignorance, sustainability, and the precautionary principle : Towards an analytical framework », *in* Ronnie Harding et Elizabeth Fisher (éd.), *Perspectives on the Precautionary Principle*, *op. cit.* ; Daniel Bodansky, « The Precautionary Principle in US Environmental Law », *in* Timothy O'Riordan et James Cameron (éd.), *Interpreting the Precautionary Principle*, *op. cit.*

110. En particulier en anglais, en français et en allemand. Accablé par le flot de propos tenus et de textes publiés dans notre langue sur le sujet, convaincu que l'Amérique ne se préoccupait guère de la question, je partais au début de mon enquête rempli du préjugé que je ne trouverais rien d'intéressant dans la langue d'Emerson et de Thoreau. Le séminaire que je conduisis à l'université Stanford au printemps 2001 me convainquit rapidement du contraire. Grâce en particulier aux Australiens (et aussi aux Anglais), ce qui s'écrit en anglais sur le *Precautionary Principle* frappe par sa rigueur et sa profondeur. Les quelques références que je donne ici en portent témoignage.

martelé, de l'incertitude. Cependant, quelques fausses notes, que l'on prend d'abord pour des inconséquences, constituent autant d'indices. Discutant avec Corinne Lepage de la différence entre prévention et précaution, François Guery a ce mot qui ne manque pas de surprendre : « La précaution est à base non de pure ignorance, mais de soupçon très vérifiable, de quasi-certitude [111]. » Jusqu'alors on avait cru comprendre que la précaution était une attitude face à l'incertain, non pas face à la certitude ! Mais le très officiel rapport Kourilsky-Viney lui-même se croit obligé d'écarter cette interprétation lorsqu'il écrit : « On pense souvent que les risques potentiels sont peu probables et on les assimile inconsciemment à des risques avérés dont la probabilité est d'autant plus faible qu'ils sont bien maîtrisés. Ceci est [...] inexact. [...] Les risques potentiels, en dépit de leur caractère hypothétique, peuvent avoir une probabilité de réalisation élevée [112]. » La juriste Marie-Angèle Hermitte n'est pas en reste lorsqu'elle commente le concept de « possibilité théorique » censé décrire la situation de scientifiques qui ne peuvent écarter l'hypothèse d'un danger ou d'un risque sur la base des indices et des données fragmentaires dont ils disposent. Le problème est en effet crucial pour les juristes, puisqu'il s'agit de savoir si l'on peut tenir une opération de la pensée, en l'occurrence la formation d'une hypothèse, pour un reflet ou une projection d'une propriété du monde réel. Mme Hermitte écrit alors : « Cela signifie qu'un certain nombre d'éléments, ramenés à des modèles et des savoirs préexistants, rendent la chose possible, quoique l'on n'en ait aucune preuve expérimentale documentée. Mais cela ne dit rien

111. Corinne Lepage et François Guery, *La Politique de précaution*, *op. cit.*, p. 51.

112. Philippe Kourilsky et Geneviève Viney, *Le Principe de précaution*, *op. cit.*, p. 18.

du caractère probable ou improbable de l'événement. Or c'est souvent traduit par les politiques, et parfois par les scientifiques devenus experts, en termes de faible probabilité. Le passage d'un concept à l'autre n'est pas admissible[113]. »

Une redoutable incertitude affecte donc les menaces qui occupent nos esprits : sont-elles très peu probables ou quasi certaines ? Il nous semble qu'elles sont l'une et l'autre chose : très peu probables, sans doute parce que nous n'imaginons pas qu'une catastrophe puisse être à la fois d'ampleur considérable et fortement probable, l'invraisemblance compensant l'énormité de l'enjeu ; mais, simultanément, quasi certaines, du fait de leur caractère de fatalité. Il ne se peut évidemment pas que le même événement soit à la fois très peu probable et quasi certain. Mais une confusion se glisse ici sur les modalités. Ce n'est pas du « quasi certain » ou du « très probable » que l'on veut parler au sujet des menaces nouvelles, mais bien de leur caractère inéluctable. De là la référence systématique au destin et à la fatalité. La catastrophe est inscrite dans l'avenir, mais avec une probabilité faible. Je montrerai que cette configuration inédite, loin de constituer une vision pessimiste de notre situation, représente peut-être notre unique possibilité de salut. C'est parce que nous nous fixons sur cet événement inéluctable qui, peut-être, ne se réalisera pas, que nous trouverons, peut-être, les moyens de faire qu'en effet l'inéluctable ne se produise pas.

Mais je n'ai encore rien dit de la nature de l'obstacle majeur qui se dresse ici. Admettons que nous soyons certains, ou presque, que la catastrophe est devant nous, comme le lapsus des théoriciens de la précaution le donne

113. Marie-Angèle Hermitte et Dominique Dormont, « Propositions pour le principe de précaution à la lumière de l'affaire de la vache folle », *loc. cit.*, p. 349.

à penser. Le problème est que nous ne le *croyons* pas. Nous ne croyons pas ce que nous savons. Le défi qui est lancé à la prudence n'est pas le manque de connaissance sur l'inscription de la catastrophe dans l'avenir, mais le fait que cette inscription n'est pas crédible.

Depuis le *Théétète* et le *Ménon* de Platon, la philosophie définit la connaissance comme une croyance vraie justifiée. Savoir, c'est croire quelque chose de vrai, et le croire pour de bonnes raisons. Si l'on sait *p*, donc, nécessairement l'on croit que *p* est vrai. Cette analyse de la connaissance a été au vingtième siècle sévèrement mise en question par la philosophie analytique qui a exhibé toute une série de contre-exemples. Ce n'est pas le lieu ici d'entrer dans ce débat. La temporalité des catastrophes, en tout cas, réfute l'implication que savoir, c'est croire. Toute une série d'arguments s'inscrivent en faux contre l'analyse classique de la connaissance. Nous tenons la catastrophe pour impossible dans le même temps où les données dont nous disposons nous la font tenir pour vraisemblable et même certaine ou quasi certaine.

Posons la question simple de savoir quelle était la pratique des responsables et des gouvernements avant que l'idée de précaution voie le jour. Mettaient-ils en place des politiques de *prévention*, cette prévention par rapport à laquelle la précaution entend innover ? Pas du tout, ils attendaient simplement que la catastrophe arrive avant d'agir – comme si sa venue à l'existence constituait la seule base factuelle légitimant qu'on se permette de la prévoir, trop tard évidemment[114]. Lorsque le principe de précaution énonce que l'incertitude scientifique ne doit pas retarder la mise en œuvre d'une politique de prévention, il se trompe complètement sur la nature de l'obstacle. Ce n'est pas

114. Ce point est bien documenté par Daniel Bodansky, « The Precautionary Principle in US Environmental Law », *loc. cit.*

l'incertitude, scientifique ou non, qui est l'obstacle, c'est l'impossibilité de croire que le pire va arriver[115].

La situation présente nous montre que l'annonce des catastrophes ne produit aucun changement sensible, ni dans nos manières de faire, ni dans nos manières de penser. Même lorsqu'ils sont informés, les peuples ne croient pas ce qu'ils savent. De l'horreur à venir, Corinne Lepage écrit : « C'est une chose que l'esprit écarte parce que l'on se dit que ce n'est pas possible[116]. » Sur le réchauffement climatique, ajoute-t-elle, « alors que depuis vingt ans nous *connaissons parfaitement* le risque auquel nous sommes confrontés, la vérité consiste à dire que nous n'avons strictement rien fait[117] ». Au mois de mars 2001, le président Bush a cyniquement violé la promesse qu'il avait faite à son peuple pendant sa campagne électorale et annoncé qu'il renonçait à réduire les émissions américaines de gaz à effet de serre. Les commentateurs politiques ont noté que le président avait cédé à la pression des députés républicains faisant du lobbying pour le compte des industries du pétrole et du charbon. La même observation vaudrait aussi bien pour d'autres domaines, par exemple celui de l'insécurité alimentaire. Non seulement la peur de la catastrophe à venir n'a aucun effet dissuasif ; non seulement la logique économique continue de progresser comme un rouleau compresseur ; mais *aucun* apprentissage n'a lieu.

La catastrophe n'est pas crédible, tel est l'obstacle majeur. La peur de la catastrophe n'a aucune force dis-

115. Il est peut-être utile de rappeler ici ce point de logique que, de la proposition « Jean sait que le pire va arriver », on infère que le pire va arriver ; mais qu'une telle inférence ne peut être faite de la proposition « Jean croit que le pire va arriver ». On ne peut pas savoir une chose fausse, c'est là une proposition analytique ; mais on peut croire faussement que telle chose est vraie ; c'est là une proposition synthétique.

116. Corinne Lepage et François Guery, *La Politique de précaution*, *op. cit.*, p. 16.

117. *Ibid.*, p. 70.

suasive. L'heuristique de la peur n'est pas une solution toute faite, elle est le problème. Je ne voudrais pas donner l'impression que ce problème relève principalement de la psychologie. Certes, des éléments cognitifs et affectifs entrent en jeu, que l'on peut analyser avec plus ou moins de finesse. Sur la base de nombreux exemples, David Fleming construit un « principe inverse d'évaluation des risques » : la propension d'une communauté à reconnaître l'existence d'un risque serait déterminée par l'idée qu'elle se fait de l'existence de solutions[118]. La philosophie de l'esprit et la psychologie cognitive nous fournissent des outils d'analyse qui permettent d'expliquer en partie, sinon de justifier, ce qui se présente comme une parfaite irrationalité. Constamment nous révisons nos croyances sur le monde en fonction des informations nouvelles qui nous en parviennent. Cependant, cette réorganisation ne se fait pas de façon passive, car le sujet connaissant cherche en permanence à maintenir une cohérence d'ensemble entre ses diverses croyances. S'il devait transformer en croyance chaque information qu'il reçoit, il risquerait d'avoir à remettre en cause des croyances anciennes qui, parce qu'elles en sont venues à constituer sa vision du monde et son identité, sont enracinées dans son esprit, inexpugnables. Tout nous porte à penser que nous ne pouvons étendre indéfiniment, ni dans le temps ni dans l'espace, le mode de développement qui est actuellement le nôtre. Mais remettre en cause ce que nous avons appris à assimiler au progrès aurait des répercussions si phénoménales que nous ne croyons pas ce que nous savons pourtant être le cas. Il n'y a pas d'incertitude,

118. David Fleming, « The Economics of Taking Care : An Evaluation of the Precautionary Principle », *loc. cit.* Voir aussi Timothy O'Riordan et James Cameron, « The History and Contemporary Significance of the Precautionary Principle », *loc. cit.*

ici, ou si peu. Elle est tout au plus l'alibi. L'incertitude n'est pas l'obstacle, non, décidément, elle ne l'est pas.

Comme la tragédie du 11 septembre 2001 l'aura montré de façon saisissante, c'est non seulement le savoir qui est impuissant à fonder la crédibilité [119], mais c'est aussi la capacité de se représenter le mal, ainsi que la mobilisation de tous les affects appropriés [120]. Cependant, je le répète, au-delà de la psychologie, le problème engage toute une métaphysique de la temporalité, ainsi que Bergson l'a magnifiquement compris à propos de la création. Notre temps impose de transposer au cas de la destruction la leçon qu'il nous a donnée. Avec les hommes, l'évolution créatrice s'est doublée de sa part maudite, l'*évolution destructrice*.

Nous allons en conclusion aborder de front le problème métaphysique. Nous n'avons jusqu'ici fait que l'effleurer. Auparavant, un détour par la philosophie morale, que nous avons déjà passablement sollicitée, s'impose.

119. Les experts nous l'assurent (par exemple, en France, l'amiral Lacoste) : les responsables américains disposaient de beaucoup d'informations après l'attentat de 1993 qui a touché le World Trade Center de New York. Mais l'ampleur de ce qu'il y avait à faire les a paralysés. De même, si l'on superpose la carte de France des installations industrielles à risque et celle de la densité de population, on sursaute d'effroi. Mais on ne voit pas ce qu'on pourrait faire. La catastrophe n'est donc pas considérée comme étant de l'ordre du possible. De même en ce qui concerne la possibilité jugée inexistante d'une catastrophe économique majeure, à l'échelle d'un pays ou à celle de la planète. On pourrait multiplier les exemples.

120. Le critique de cinéma Samuel Blumenfeld écrivait dans *Le Monde* du 9 octobre 2001, sous le titre « Hollywood digère l'attaque du 11 septembre » : « Cette attaque terroriste puise dans notre mémoire, en partie nourrie par le cinéma de destruction hollywoodien, intronisé brutalement prophète d'une tragédie qu'il *avait maintes fois mise en scène, sans jamais oser la croire possible* » (je souligne).

III

L'embarras de la philosophie morale, l'indispensable métaphysique

III

L'embarras de la philosophie morale, l'indispensable métaphysique

La prophétie de malheur est faite pour éviter qu'elle ne se réalise ; et se gausser ultérieurement d'éventuels sonneurs d'alarme en leur rappelant que le pire ne s'est pas réalisé serait le comble de l'injustice : il se peut que leur impair soit leur mérite.

Hans Jonas,
Le Principe Responsabilité,
op. cit., p. 233.

La parole de Yahvé advint à Jonas, fils d'Amittaï, en ces termes : « Debout ! va à Ninive, la grande ville, et crie contre elle que leur méchanceté est montée devant moi. » Jonas partit pour fuir à Tarsis, loin de la Face de Yahvé.

Livre de Jonas.

L'avenir est inévitable, mais il peut ne pas avoir lieu. Dieu veille aux intervalles.

Jorge Luis Borges,
« La Création et P. H. Gosse »,
in *Enquêtes*, Paris, Gallimard, 1957, p. 44.

9. La mémoire de l'avenir

> Les philosophes ont tout à fait raison de dire que l'on ne peut comprendre la vie qu'en se retournant sur le passé. Mais ils oublient cette autre proposition qui n'est pas moins vraie, à savoir que la vie ne peut être vécue qu'en se projetant vers l'avenir. Et si l'on tourne et retourne cette proposition, on se convainc que l'on ne peut jamais vraiment comprendre la vie immergé dans le temps, tout simplement parce qu'il n'existe aucun moment particulier où je puisse faire halte et regarder ma vie comme elle le requiert pour que je puisse la comprendre – rétrospectivement.
>
> Kierkegaard, *Journal*, 1843.

Le Principe Responsabilité de Hans Jonas étend tellement le champ et la portée de notre responsabilité, a-t-on dit, qu'il finit par la dissoudre en nous figeant dans une contemplation désespérée de la catastrophe à venir. Ainsi, Catherine Larrère : « La responsabilité hyperbolique qui s'en dégage retire à l'éthique de Jonas toute capacité d'informer sur les actions précises à entreprendre, invitant même, à la limite, à l'inaction[121]. » Il est vrai que l'on

121. Catherine Larrère, entrée « Précaution » du *Dictionnaire d'éthique et de philosophie morale*, *op. cit.*

trouve chez Jonas des mises en garde intimidantes, du genre : « Le domaine croissant de l'agir collectif [...] par l'énormité de ses forces impose à l'éthique une nouvelle dimension de responsabilité jamais imaginée auparavant[122]. » Je tiens cependant le reproche d'incitation à l'inaction pour profondément infondé et contraire aux explications mêmes de l'auteur, mais à ce stade de la discussion je voudrais examiner ce qu'il en est de cette question de la responsabilité dans la situation qui est la nôtre, du point de vue des doctrines morales traditionnelles. On va voir que celles-ci sont susceptibles de la même critique, si en vérité c'en est une.

La philosophie morale de langue anglaise[123] a connu dans les années soixante-dix un bouleversement qui l'a profondément transformée. La domination que le conséquentialisme exerçait sur ses praticiens depuis près de deux siècles a été soudainement défiée avec une force inédite par l'autre grande tradition morale, la déontologie. C'est évidemment la publication de l'ouvrage de John Rawls, *A Theory of justice*, qui fut la cause de cet émoi. Il semblait donc jusqu'il y a peu que le rapport de forces avait changé, tant l'influence du rawlsisme a été forte, et que le conséquentialisme, en particulier dans sa variante utilitariste, était, au moins pour un temps, relégué au rang des vieilleries philosophiques. Il est très intéressant pour notre propos de noter que c'est à la faveur, si l'on peut dire, d'une réflexion sur les menaces qui pèsent sur l'avenir de l'hu-

122. Hans Jonas, *Le Principe Responsabilité*, *op. cit.*, p. 31.

123. Le fait que la vie intellectuelle française, y compris dans ses départements de philosophie, ait placé la philosophie morale en léthargie pendant près d'un demi-siècle n'est pas sans conséquence puisqu'il nous reste tout à faire si nous voulons réapprendre aujourd'hui à penser en termes normatifs – et d'abord à nous mettre au diapason, tout en conservant une distance critique, de la philosophie morale de langue anglaise, qui, elle, n'a jamais cessé de se développer et de se raffiner.

manité que le conséquentialisme a redressé la tête, montrant qu'il était toujours vivant.

Récemment, l'un des maîtres du conséquentialisme américain, Samuel Scheffler, a publié un texte important, « Individual Responsibility in a Global Age[124] ». Il y défend la thèse que *s'il est possible* de concevoir notre responsabilité dans la situation nouvelle qui est la nôtre, et qu'il caractérise comme une situation de globalisation des menaces, ce concept ne peut être fourni que par le conséquentialisme. La morale de sens commun y est tout à fait impropre.

Je résume l'argumentation de Scheffler. La morale de sens commun – et ceci peut expliquer que les éléments non conséquentialistes y occupent une place importante – est ancrée dans une phénoménologie de l'action qui correspond à ce qu'a été l'expérience commune de l'humanité tout au long de son histoire, et ce jusqu'à un passé récent. L'expérience commune faisait tenir pour une évidence que : 1) les actes sont plus importants que les omissions ; 2) les effets proches sont beaucoup plus visibles, et donc comptent plus, que les effets lointains ; 3) les effets individuels ont plus d'importance que les effets de groupe ou effets de composition.

Les traits, foncièrement non conséquentialistes, de la morale de sens commun qui reflètent directement cette phénoménologie de l'action ordinaire sont : 1) les devoirs négatifs (« tu ne tueras point ») ont priorité absolue sur les devoirs positifs (« tu viendras en aide à ton prochain »). On a plus de responsabilité par rapport à ce que l'on fait que par rapport à ce que l'on laisse faire. On ne cause pas de mal à un innocent même si c'est la condition *sine qua non* pour alléger les souffrances de dix autres. 2) On a des obligations particulières, spéciales, par rapport à ses proches qu'on n'a pas par rapport au reste de l'humanité.

124. *Social Philosophy & Policy*, 12, 1, hiver 1995.

Cette conception restrictive de la responsabilité normative est devenue totalement inadaptée à notre situation actuelle. Les devoirs positifs sont devenus aussi importants que les devoirs négatifs. La distinction entre tuer par un acte individuel intentionnel et tuer parce qu'on ne se soucie que de son bien-être égoïste de citoyen d'un pays riche tandis que les autres meurent de faim, cette distinction est pour le conséquentialiste de moins en moins tenable. Nous devons nous soucier de *toutes* les conséquences de nos actions et pas seulement des plus proches ni des plus visibles. Hans Jonas, qui n'est pas conséquentialiste, abonde dans ce sens et oppose cette situation nouvelle au monde traditionnel dans lequel « personne n'était tenu responsable pour les effets ultérieurs non voulus de son acte bien intentionné, bien réfléchi, et bien exécuté. Le bras court du pouvoir humain n'exigeait pas le bras long du savoir prédictif[125] ». Bien des menaces qui pèsent sur notre avenir sont le résultat de la mise en synergie d'une multitude d'actions individuelles minuscules dont chacune prise isolément a des conséquences indécelables (songeons au réchauffement climatique). La distinction entre omission et action perd tout sens : « Abstenez-vous de prendre votre voiture pour les déplacements en ville ! » dit le langage ordinaire. Si nous obtempérions, serait-ce une « abstention » ? Ce serait bel et bien une action au sens fort que ce mot a de par son étymologie : commencement non causé, mise en branle de quelque chose de radicalement nouveau dans le réseau des relations humaines, etc. Jonas fait écho à cette extension démesurée de la portée de l'action et donc du champ de l'éthique en écrivant : « Aujourd'hui, la puissance humaine *et son excédent* par rapport à toute préconnaissance certaine des conséquences

125. Hans Jonas, *Le Principe Responsabilité*, *op. cit.*, p. 30.

ont pris de telles dimensions que le simple exercice quotidien de notre pouvoir, qui constitue la routine de la civilisation moderne – et dont nous vivons tous –, devient un problème éthique [126]. »

Ce qui faisait la faiblesse du conséquentialisme au regard de la morale de sens commun est qu'il ne donne aucune importance, ni même aucun sens, aux distinctions qui sont si cruciales pour elle. Ce qui faisait sa faiblesse est donc devenu sa force, et même son caractère d'unique recours, à en croire Scheffler tout du moins.

Mais cette victoire est une victoire à la Pyrrhus. Les raisons qui expliquent la nécessité du recours au conséquentialisme sont celles-là mêmes qui expliquent son impuissance. La complexité de la chaîne causale qui relie actions et conséquences n'est maîtrisable ni au plan conceptuel (les modèles de phénomènes complexes doivent eux-mêmes être complexes, avec tous les traits afférents : sensibilité aux conditions initiales, imprévisibilité, etc.), ni encore moins en pratique. Elle rend vain tout espoir de procéder à un calcul des conséquences. Cela, qui rendait autocontradictoire la mise en œuvre du principe de précaution, est également fatal au conséquentialisme. Jonas en est bien conscient qui écrit : « L'extension de la puissance est également l'extension de ses effets dans le *futur*. Il en découle ce qui suit : nous ne pouvons *exercer* la responsabilité accrue que nous *avons* dans chaque cas, bon gré mal gré, qu'à condition d'accroître aussi en proportion notre prévision des conséquences. Idéalement, la longueur de la prévision devrait équivaloir à la longueur de la chaîne des conséquences. Mais pareille connaissance de l'avenir est impossible [...] [127]. »

126. Id., *Pour une éthique du futur*, *op. cit.*, p. 83-84 (souligné par l'auteur).

127. *Ibid.*, p. 82 (souligné par l'auteur).

La conclusion de Scheffler a un côté désespéré. La conception normative de la responsabilité fondée sur la morale de sens commun est complètement inadaptée à notre situation actuelle et, s'il y a une direction pour la transformer de fond en comble, ce ne peut être qu'en adoptant une posture conséquentialiste. Malheureusement, il n'y a pas non plus de salut de ce côté-là. Conclusion : c'est la notion même de responsabilité qui se retrouve sans aucun fondement, au plan de l'éthique tout au moins.

La mésaventure du conséquentialisme – se présenter comme la seule voie de recours pour admettre ensuite son impuissance – n'est pas propre à cette doctrine morale. Cette exacerbation du kantisme que fut l'existentialisme sartrien connut le même sort. Souvenons-nous : nous sommes au sortir de la guerre, donc *après* la catastrophe, et non pas devant. Il s'agit de reconstruire quelque chose qui ressemble à une société humaine. Sartre cite Ponge : « L'homme est l'avenir de l'homme. » Il commente : « C'est parfaitement exact. Seulement, si on entend par là que cet avenir est inscrit au ciel, que Dieu le voit, alors c'est faux, car ce ne serait même plus un avenir. Si l'on entend que, quel que soit l'homme qui apparaît, il y a un avenir à faire, un avenir vierge qui l'attend, alors ce mot est juste. Mais alors, on est délaissé. » On se souvient de l'incroyable exigence de Sartre devant cet espace de la liberté : « Je suis obligé à chaque instant de faire des actes exemplaires. Tout se passe *comme si*, pour tout homme, toute l'humanité avait les yeux fixés sur ce qu'il fait et se réglait sur ce qu'il fait. » De préciser : « L'homme est angoisse. Cela signifie ceci : l'homme qui s'engage et qui se rend compte qu'il est non seulement celui qu'il choisit d'être, mais encore un législateur choisissant en même temps que soi l'humanité entière, ne saurait échapper au sentiment de *sa totale et profonde responsabilité*. » Si nous avions encore quelques doutes au sujet de l'inspiration kantienne de ces propos, ils se dissipent complètement avec ce qui suit. « Certainement, beaucoup de gens croient en agissant n'engager qu'eux-mêmes, et lorsqu'on leur dit : mais si tout le monde faisait comme ça ? ils haussent les épaules et répondent : tout le monde ne fait pas comme ça. Mais en vérité, on doit toujours se demander : qu'arriverait-il si tout le monde en faisait autant ? et on n'échappe à cette pensée inquiétante que par une sorte de mauvaise foi »[128].

Voilà à quoi mène, de façon tout à fait cohérente, le commandement kantien : « examine la capacité d'universalisation de ta maxime », lorsqu'on le pousse au bout de sa logique. « Tout se passe comme si, pour tout homme, toute l'humanité avait les yeux fixés sur ce qu'il fait et se réglait sur ce qu'il fait », c'est une caractérisation de la psychose naissante[129]. Les liens entre la doctrine kantienne et la folie ont déjà fait l'objet de commentaires savants.

Ni conséquentialisme ni déontologie. Que nous reste-t-il au juste ? Il faut peut-être prendre au sérieux l'heuristique de la peur que nous propose Jonas ainsi que l'éthique de l'avenir, ou du futur (*Zukunft*), qui l'accompagne.

L'éthique de Jonas n'est pas conséquentialiste. Nous le comprendrons mieux dans ce qui va suivre. Disons à ce stade que la raison profonde pour laquelle elle ne l'est pas a à voir avec la direction du temps. Le conséquentialisme procède du présent vers l'avenir, comme l'étymologie de « conséquence » le signifie clairement : ce qui accompagne tout en venant après. L'éthique du futur n'est pas celle qui prévaudra, ou devrait prévaloir à l'avenir. C'est l'éthique qui se construit lorsqu'on regarde le présent, notre présent, du point de vue de l'avenir. Cette inversion

128. Jean-Paul Sartre, *L'existentialisme est un humanisme* (1946), Paris, Nagel, 1970, p. 31, 28-29 (je souligne).

129. Voir Dr Henri Grivois, *Naître à la folie*, Paris, Les Empêcheurs de penser en rond, 1992.

est ce qui fait, sur le plan métaphysique, la parfaite spécificité, l'originalité profonde et la beauté de l'éthique proposée par Jonas. Celui-ci écrit, à propos de l'heuristique de la peur :

> Qu'est-ce qui peut servir de boussole ? L'anticipation de la menace elle-même ! C'est seulement dans les premières lueurs de son orage *qui nous vient du futur*, dans l'aurore de son ampleur planétaire et dans la profondeur de ses enjeux humains, que peuvent être découverts les principes éthiques, desquels se laissent déduire les nouvelles obligations correspondant au pouvoir nouveau [130].

Il nous faudra revenir sur cette énigme d'un signal qui nous viendrait de l'avenir, comme si nous trouvions en nous, au fond de notre mémoire, trace de la catastrophe future. Mais ce prodige n'est-il pas, en un certain sens, ce qu'accomplit toute prophétie, fût-elle la prévision se voulant scientifique d'un organisme officiel au sujet de l'état à venir de l'économie ?

Que l'éthique de Jonas ne soit pas kantienne est beaucoup plus évident puisque lui-même s'en explique longuement, en insistant précisément sur la question métaphysique cruciale : l'avenir dont nous disons que nous le prévoyons, est-ce l'avenir tout court, dans son actualité certes à venir, mais actualité néanmoins – ou bien est-ce un « avenir conditionnel », hypothétique, contrefactuel, ce qui se passerait si… Écoutons Jonas sur ce point :

> L'impératif catégorique de Kant […] exhortait chacun d'entre nous à considérer ce qui se passerait si la maxime de son acte présent devenait le principe d'une législation universelle ou s'il l'était déjà à l'instant même : la cohérence ou l'incohérence d'une telle universalisation *hypo-*

130. Hans Jonas, *Le Principe Responsabilité*, *op. cit.*, p. 16 (je souligne).

> *thétique* devient la pierre de touche de mon choix *privé*. Mais qu'il puisse y avoir une quelconque vraisemblance que mon choix privé devienne effectivement une loi générale ou qu'il puisse seulement contribuer à une telle généralisation n'était pas une partie intégrante de ce raisonnement. En effet, les conséquences *réelles* ne sont nullement envisagées et le principe n'est pas celui de la responsabilité objective mais celui de la constitution subjective de mon autodétermination. Le nouvel impératif invoque une autre cohérence : non celle de l'acte en accord avec lui-même, mais celle de ses *effets* ultimes en accord avec la survie de l'activité humaine dans l'avenir. Et « l'universalisation » qu'il envisage n'est nullement hypothétique – ce n'est pas un simple transfert du moi individuel à un « tous » imaginaire, sans connexion causale avec lui (« si tout le monde en faisait autant ») : au contraire, les actions soumises au nouvel impératif, à savoir les actions de l'ensemble collectif, ont la référence universelle dans la mesure effective de leur efficience : elles se « totalisent » elles-mêmes dans la progression de leur impulsion et ne peuvent pas faire autrement que de déboucher sur la configuration de l'état de choses universel. Or ceci ajoute au calcul moral l'horizon *temporel* qui est totalement absent dans l'opération logique instantanée de l'impératif kantien : alors que ce dernier s'extrapole vers un ordre toujours présent de la compatibilité abstraite, notre impératif s'extrapole vers un *avenir calculable* qui forme la dimension *inachevée* de notre responsabilité[131].

Le coup de force tenté par Jonas peut se résumer ainsi. L'excès de notre puissance sur notre capacité de prévoir les conséquences de nos actes tout à la fois nous donne l'obligation morale de prévoir l'avenir et nous rend incapables

131. *Ibid.*, p. 41-42 (souligné par l'auteur, sauf les expressions « avenir calculable » et « inachevée », que je souligne).

de le faire. Pour sortir de cette aporie, Jonas se place d'emblée dans l'avenir, c'est-à-dire au terme arrêté de façon provisoire d'une histoire toujours continuée [132]. Le temps se trouve alors comme figé dans une boucle qui relie le présent à l'avenir et l'avenir au présent. Dans ce qui suit, je vais tenter d'illustrer la cohérence de cette métaphysique et montrer qu'elle seule peut contourner l'obstacle qui nous empêche de penser le temps des catastrophes – non point l'incertitude, mais le fait que nous ne croyons pas qu'elles vont nous frapper.

132. Dieter Birnbacher reprend la même idée, qui écrit : « L'horizon de la responsabilité envers le futur se perd seulement au point où les lignes causales qui s'étirent du présent vers l'avenir, si on les considère dans la perspective du présent, se dissolvent ou se mêlent de manière tellement indissociable qu'il n'est plus rationnel de supposer une relation causale entre l'activité du temps présent et les états du monde futur. [...] Mais pour pouvoir déterminer jusqu'où s'étendent effectivement les effets causaux de l'action actuelle, il faut d'abord se trouver dans la perspective de l'avenir – et cette perspective ne peut être adoptée de manière définitive » (*La Responsabilité envers les générations futures*, *op. cit.*, p. 142-143).

10. Prévoir l'avenir pour le changer (Jonas contre Jonas)

> Ce qui a ému Bergson, ce qui n'a cessé de l'émouvoir, c'est ce fait très simple qu'il y a du nouveau à chaque instant dans sa vie, c'est ce fait très général qu'il y a du nouveau à chaque instant partout où il y a vie. Ce nouveau, entendons-nous bien, est du radicalement neuf, ce que signifie le mot : imprévisible. Ce n'est donc pas du pseudo-nouveau qui était virtuel avant d'être actuel, qui était là, caché, avant d'apparaître, qui serait imprévisible uniquement parce que notre entendement n'aurait pas la force de le voir. L'émotion de Bergson n'est pas liée à quelque défaut de notre esprit mais à la plénitude de l'existence : c'est l'être retrouvé avec le temps.
>
> Henri Gouhier, Introduction aux *Œuvres* de Bergson, *op. cit.*, p. XXI.

Nous avons établi que la précaution, au pis, s'auto-réfute, au mieux, se confond avec la prévention. Quant à la prévention, son échec à prévoir, donc à empêcher la catastrophe s'enracine dans la métaphysique que nous développons spontanément devant l'événement nouveau qui introduit une rupture dans la temporalité, en particulier celui dont l'anticipation, si nous arrivions à la prendre au sérieux, nous glacerait d'horreur. Bergson a admirablement compris, et d'abord senti au plus profond de son expérience personnelle, que le trait majeur de cette métaphysique immédiate est que le possible ne préexiste pas à l'irruption de l'événement dans le temps. La catastrophe n'entrant pas dans le champ du possible avant qu'elle se réalise ne peut être anticipée. On ne se *projette* pas en elle. Cette métaphysique interdit la prévention. Le trait caractéristique de la prévention est en effet que l'événement qu'elle prévient, parce qu'elle le prévient, est expédié dans un monde possible non actualisé. Dans la métaphysique qui sous-tend la prévention, les possibles préexistent à la réalisation de l'un d'entre eux et, pour ceux qui ne sont pas actualisés, ils subsistent à jamais dans les limbes où flottent toutes ces choses qui auraient pu être et qui n'ont pas été. Toute menace qui réussit à dissuader un adversaire laisse ainsi derrière elle la possibilité non actualisée de son exécution. Si elle avait suivi les conseils pressants de von Neumann et de Bertrand Russell, l'Amérique aurait pétrifié l'Union soviétique sous un tapis de bombes à hydrogène. Elle ne l'a pas fait et, peut-être, la représentation qu'elle aurait pu le faire a-t-elle contribué à la paix du monde. Dans la métaphysique de la prévention, ce possible qu'aurait été l'hiver nucléaire reste, en tout cas, à jamais un possible, non pas au sens où il pourrait encore aujourd'hui être actualisé, mais au sens où il restera à jamais vrai qu'il aurait pu être réalisé.

La théorie de la décision, la problématique du choix rationnel se trouvent à l'aise dans cette métaphysique traditionnelle, à laquelle on peut associer le nom de Leibniz. Ce que ce dernier dit de Dieu, les théoriciens de la décision le disent de l'homme. Contemplant dans son entendement l'ensemble des possibles, le décideur divin ou humain choisit et réalise celui qui rend maximale une certaine grandeur. Les possibles sont bien là avant le choix, et ils lui survivent. Mais la métaphysique bergsonienne, rompant avec ce trait, fait de la prévention une tâche apparemment impossible.

On ne croit à l'éventualité de la catastrophe qu'une fois celle-ci advenue, telle est la donnée de base. On ne réagit qu'à son actualité – donc, trop tard. Il y a cependant dans la métaphysique traditionnelle un concept qui pourrait peut-être nous aider à sortir de l'impasse. La catastrophe étant devant nous, son habitat est ce que nous nommons l'avenir. Si nous pouvions donner à l'avenir une réalité, une actualité, équivalentes à celles que nous octroyons au présent, le tour serait joué – peut-être [133]. Or c'est bien ce que tente le principe métaphysique de réalité de l'avenir. Il peut s'exprimer très simplement, puisqu'il consiste à accorder une valeur de vérité, vrai ou faux, à des propositions relatives à un événement futur avant que le temps n'en décide [134]. Chaque fois que nous utilisons le futur de l'indicatif pour affirmer quelque chose – par exemple, « les tours du World Trade Center seront reconstruites avant la fin du siècle » –, nous présupposons le principe de réalité de l'avenir. Par convention linguistique, la proposition que nous exprimons par cette phrase est en effet vraie ou fausse au moment où nous le faisons si et seulement si il *sera* vrai, avant la fin du siècle, que les tours du

133. Dans son analyse remarquable, et que j'ai déjà citée plusieurs fois (« The Economics of Taking Care : An Evaluation of the Precautionary Principle »), David Fleming déplore ce qu'il appelle la perte du « sens de l'avenir ». En dépit des prévisions, remarque-t-il avec subtilité, l'avenir est vu, tout à la fois, comme inconnaissable et comme le simple jouet de déterminismes sur lesquels nous ne pouvons rien. Une telle société, ajoute-t-il, « n'a pas besoin du passé ». Il conclut en ces termes : « Le sens du temps lui-même – le sens que l'avenir a une réalité et qu'il a des exigences à notre égard – semble en danger de mort. » Mais, comme dirait Bill Joy, « l'avenir n'a pas besoin de nous ».

134. Certains philosophes, et non des moindres (cf. Aristote), n'ont jamais accepté le principe de la réalité de l'avenir.

World Trade Center sont reconstruites. Chaque fois que nous faisons une prévision, nous donnons donc une réalité à l'avenir[135]. Ce serait une erreur grossière d'en conclure que nous versons du même coup nécessairement dans le fatalisme. Dire que l'avenir est déjà en quelque sorte ce qu'il sera n'exclut aucunement qu'il pourrait être différent de ce qu'il sera.

Il est évident que nous n'arriverons pas à nous sortir de la difficulté à si bon compte. Supposons en effet que nous réussissions, donc que la prévention empêche la catastrophe. Dans la métaphysique traditionnelle, celle-ci, renvoyée dans un monde possible non actualisé, perdrait du même coup sa place dans l'avenir actuel, le seul avenir que nous ayons. Elle perdrait sa réalité, donc son pouvoir de nous faire réagir. Dans la métaphysique bergsonienne, ce serait pire encore puisque, ne trouvant jamais par hypothèse à s'actualiser, la catastrophe n'entrerait jamais dans le domaine du possible.

Je vais montrer que pour abattre, ou en tout cas contourner l'obstacle, il faut inscrire la catastrophe dans l'avenir d'une façon beaucoup plus radicale. Il faut la rendre *inéluctable*. C'est rigoureusement que l'on pourra dire alors que nous agissons pour la prévenir *dans le souvenir que nous avons d'elle*. Ces signaux en provenance de l'avenir dont parle Jonas et que les lois de la physique interdisent, c'est l'argumentation métaphysique qui leur donnera existence et sens.

Nous sommes évidemment en plein paradoxe. On m'objectera : vous durcissez le statut métaphysique de la catastrophe à venir – non seulement elle se réalisera, mais, une fois réalisée, il apparaîtra qu'elle ne pouvait pas ne

135. Un cas important est celui où la proposition porte sur l'action future d'un agent doté de libre arbitre (un « futur contingent » dans la terminologie scolastique).

pas se réaliser. Voulez-vous dire que c'est par cette voie que l'on pourrait non seulement croire à la réalité de la catastrophe, mais trouver enfin le sursaut nécessaire pour la prévenir ? Mais si on la prévient, comment peut-on dire qu'elle était inéluctable ? La contradiction semble verser ici dans l'absurde. Le raisonnement de Bergson que j'ai rappelé dans le chapitre introductif nous livre pourtant une méthode. La métaphysique que je vais tenter d'élaborer n'est pas celle de Bergson – elle en est, dans le cas de l'évolution destructrice, en quelque sorte l'antidote –, mais elle partage avec elle la propriété que les propositions portant sur des modalités (le possible, le nécessaire, etc.) y sont indexées sur le temps. Souvenons-nous : chez Bergson, à propos de ce surgissement de la nouveauté radicale qu'est une œuvre d'art, on peut dire qu'avant l'événement elle n'était pas possible mais qu'avec l'événement il devient vrai qu'elle aura toujours été possible. « Sa possibilité, qui ne précède pas sa réalité, l'aura précédée une fois la réalité apparue. » Il va nous falloir apprendre à penser que, la catastrophe apparue, il était impossible qu'elle ne se produise pas, mais qu'avant qu'elle ne se produise elle pouvait ne pas se produire. C'est dans cet intervalle que se glisse notre liberté.

C'est du côté de l'activité de prédiction que nous allons tenter de trouver une issue. La science prédit, c'est une de ses fonctions essentielles. Les astronomes prévoient la prochaine éclipse de Lune, les météorologues le temps qu'il fera demain, les économistes les évolutions des indices boursiers, et les géologues les prochains tremblements de terre. Aucune loi physique n'est évidemment ici violée, aucun signal ne remonte le temps de l'avenir vers le présent. Toute prédiction se fait sur la base d'un modèle qui, dans le monde des idéalités, simule par la déduction mathématique l'enchaînement des causes et des effets du monde réel. Or la déduction formelle se réalise en dehors du temps des phénomènes : faisant de l'avenir le contemporain du présent, elle condamne en quelque sorte le temps à mort. Le savant maîtrise l'écoulement du temps comme le poète. Ce que le second réussit par le travail de l'écriture, le premier l'obtient en substituant au réel son image, ce modèle qui tout à la fois imite et prétend à être imité. La rupture introduite par l'apparition de la modélisation complexe a mis cet idéal à mal, j'y ai fortement insisté, puisque les propriétés du modèle complexe ne se laissent pas *déduire* de la connaissance du modèle lui-même. C'est la *simulation*, au sens cette fois que le mot a pris en informatique, du comportement du modèle sur un ordinateur qui fait découvrir ses propriétés, en retrouvant quelque chose du temps générateur de nouveauté radicale.

Aucun paradoxe n'entache en soi l'activité de prédiction. Cependant, les hommes ne prédisent pas seulement pour connaître l'avenir, mais aussi pour agir sur le monde. Ils sont à l'image de Dieu, du moins ce Dieu que construisent les théologiens et les philosophes, tout à la fois prescient – Il connaît à tout moment la valeur de vérité de toutes les propositions relatives aux événements situés dans les temps à venir – et providentiel – Il intervient dans les affaires humaines. Pour ce qui est des hommes, c'est dans l'espoir de les prévenir qu'il est si important pour eux d'anticiper les catastrophes. C'est ici que le paradoxe s'installe.

L'existence de prédictions fausses n'est pas en soi un problème. Tous les jours nous faisons des prévisions qui ne se réalisent pas, et ce à tous les niveaux de la vie individuelle et collective. Tandis que je prévois que mon avion va partir à l'heure programmée dans l'ignorance de la grève qui vient de se décider, le gouvernement prévoit pour l'an prochain un taux de croissance qui, peut-être, ne se réalisera qu'à moitié. Les cas que je veux considérer sont tout autres. C'est d'une part le cas d'une prévision qui n'est fausse que parce qu'elle est faite, et d'autre part celui d'*une prévision faite pour qu'elle ne se réalise pas*. Deux configurations très différentes sont à distinguer, qui opposent deux prophètes professionnels auxquels le sort, ironiquement, a donné le même nom : Hans Jonas, philosophe allemand du vingtième siècle, et Jonas fils d'Amittaï, le prophète biblique du huitième siècle avant Jésus-Christ mentionné dans le second livre des Rois (14,25).

« La parole de Yahvé advint à Jonas, fils d'Amittaï, en ces termes : "Debout ! va à Ninive, la grande ville, et crie contre elle que leur méchanceté est montée devant moi." Jonas partit pour fuir à Tarsis, loin de la Face de Yahvé [136]. » Dieu demande à Jonas de prophétiser la chute de Ninive qui a péché devant la Face de l'Éternel. Au lieu de faire son travail de prophète, Jonas s'enfuit. Pourquoi ? Rien ne nous est dit à ce sujet. Tout le monde sait la suite de l'histoire, l'embarquement sur le vaisseau qui se rend à Tarsis (détroit de Gibraltar), la grande tempête punitive, le tirage au sort qui révèle la culpabilité de Jonas, celui-ci jeté par-dessus bord par les marins afin de calmer le courroux de Yahvé, le grand poisson miséricordieux qui l'avale et, finalement, après que trois jours et trois nuits se sont écoulés, le vomit sur la terre sèche. Mais se rappelle-t-on la fin de l'histoire ? C'est là seulement que l'on comprend pourquoi Jonas a désobéi à Dieu. C'est que Jonas avait prévu, en tant que prophète efficace, ce qui allait se passer s'il faisait sa prophétie ! Ce qui se serait passé, c'est ce qui se passe maintenant, alors que Yahvé, pour la seconde fois, lui donne l'ordre de prophétiser la chute de Ninive et que cette fois, ayant compris ce qu'il lui en

136. J'utilise la traduction de la bible Osty, Paris, Éd. du Seuil, 1973. L'auteur du livre de Jonas vivait vraisemblablement au cinquième siècle ou même plus tard, donc à l'époque post-exilique. L'attribution des aventures de Jonas au « Jonas fils d'Amittaï », qui vivait au temps de Jéroboam II, roi d'Israël (783-743), et que mentionne 2 Rs 14,25, est sans fondement historique.

coûtait de désobéir, il obtempère. Les Ninivites se repentent, se convertissent, et Dieu leur pardonne. Leur cité sera épargnée. Mais, pour Jonas, c'est un échec cuisant, qui le laisse tout « contrarié », nous dit le texte.

Jonas fait partie des « petits » prophètes, le livre de Jonas n'a sans doute aucun fondement historique, mais tant pour les juifs que les chrétiens son importance est singulière. Le judaïsme orthodoxe n'a jamais attribué aux prophètes le rôle central que leur a reconnu le christianisme. Les commentaires exégétiques connus sous le nom de *midrashim* ne traitent du prophétisme que de façon très minoritaire. Une seule exception, le livre de Jonas que la liturgie utilise régulièrement, en particulier le jour du Yom Kippour, la fête de l'expiation, qui lui donne la première place. Quant au Christ, lorsqu'il est sommé de manifester par un signe son identité véritable, il s'écrie : « De signe, il ne [vous] sera donné que le signe de Jonas, le prophète » (Matthieu 12,38-42 et 16,1-4 ; Luc 11,29-32). La figure de Jonas est unique. Il convient d'en comprendre la raison.

Partons du dépit manifesté par Jonas. Bien que non spécialiste de ces questions, j'oserai compléter ici le commentaire traditionnel par ce qui n'est qu'une conjecture que me suggère tout mon travail sur le catastrophisme. Le conflit entre Yahvé et Jonas résulte, nous dit-on, de ce que Jonas n'a nul désir que les Ninivites soient sauvés. Ninive est la capitale des Assyriens et le restera jusqu'en 612 avant Jésus-Christ. Les Assyriens représentent pour Israël l'ennemi le plus féroce et le plus barbare. Jonas sait que le courroux de Yahvé dont il est requis de porter la parole va produire leur repentir et leur pardon. Jonas aime son peuple et ne veut pas qu'il soit détruit par les barbares. Yahvé aime aussi son peuple mais il aime Ninive également, et Jonas le sait. Il le sait, bien qu'il ne l'apprendra de Yahvé qu'à la fin, lorsque Celui-ci lui fera honte de s'apitoyer sur une plante et de s'étonner que Lui, Yahvé, éprouve de la compassion pour des humains. Écartelé entre sa loyauté pour son peuple et l'obéissance qu'il doit à Dieu, Jonas choisit la fuite[137].

Le dilemme de Jonas est donc moral. Je soutiens qu'il est également métaphysique. Malgré des interprétations contraires, il me semble que ce qui fait l'essence du prophétisme biblique, c'est l'annonce de l'avenir[138]. Certes, les prophètes n'étaient pas les seuls à prétendre voir le futur. Ils étaient flanqués de toute une cohorte de sorciers, devins, astrologues, nécromanciens, magiciens, enchanteurs et autres spirites dont les talents, bien qu'interdits[139], n'étaient pas facilement discernables de ceux des vrais prophètes. C'est précisément pour distinguer les prophètes des charlatans que l'on insiste sur le fait que le prophète est aussi, ou avant tout, celui qui *proclame* et *interprète* la parole de Dieu[140]. Certes, mais le Deutéronome nous

137. Voir par exemple John Sawyer, *Prophecy and the Prophets of the Old Testament*, Oxford, Oxford University Press, 1987 ; James D. Newsome, Jr., *The Hebrew Prophets*, Atlanta, John Knox Press, 1984.

138. Ce point est particulièrement bien démontré par : John Sawyer, *Prophecy and the Prophets of the Old Testament*, *op. cit.* ; H. W. Wolff, « Prophecy from the Eighth through the Fifth Century », *in* J. L. Mays et P. J. Achtemeier (éd.), *Interpreting the Prophets*, Philadelphie, Fortress Press, 1987, qui montre que la condamnation des pécheurs ne vient jamais sans l'annonce de l'avenir et que, si un seul de ces deux éléments est présent dans le discours prophétique, alors c'est l'annonce de l'avenir ; et, surtout, dans le même recueil, Gene M. Tucker, « Prophetic Speech », qui montre que le châtiment n'est généralement pas présenté par le prophète comme une menace qui sera mise à exécution si le désordre actuel continue, mais comme une réalité située dans un avenir en général proche. Aucun élément conditionnel n'intervient le plus souvent. Ce n'est pas : « Peuple d'Israël, voici ce qui se produirait *si* tu continuais à vivre dans le péché », c'est : « Tu vis dans le péché. Voici *donc* ce qui va se produire », ou bien : « Voici ce qui va se produire *parce que* tu vis dans le péché. » Le livre d'Amos est typique à cet égard.

139. Deutéronome 18,9-22.

140. Le mot qu'utilise la Bible est celui de *nabi*. Significativement, les premières traductions grecques ont choisi de traduire *nabi*, non par le terme *mantis*, mais par *prophetes*, c'est-à-dire l'interprète.

apprend que le seul et véritable critère de reconnaissance du vrai prophète était que sa parole s'accomplissait, que sa prophétie s'avérait exacte : « Peut-être diras-tu en ton cœur : "Comment reconnaîtrons-nous la parole que Yahvé n'a pas dite ?" Quand le prophète aura parlé au nom de Yahvé, *si ce qu'il dit n'a pas lieu et n'arrive pas, voilà la parole que Yahvé n'a pas dite* ; c'est par présomption qu'a parlé le prophète : tu ne le redouteras pas ! » (Deutéronome 18,21-22). C'est la non-réalisation de la prophétie qui prouve qu'elle n'est pas d'origine divine. Ce critère n'est pas très commode puisqu'il n'y a pas d'autre moyen de décider que la prophétie était une vraie prophétie que d'attendre pour voir si elle se réalise. L'avenir est donc le seul juge. Nous voici ramenés à l'aporie du catastrophisme. Le prophète de malheur ne sera pris au sérieux et distingué des charlatans que lorsque la catastrophe se sera produite. Mais il sera trop tard.

C'est sur cette base qu'il faut comprendre le dilemme métaphysique de Jonas fils d'Amittaï et l'autre composante de sa « contrariété ». Il sait que sa prophétie, en agissant sur le monde, par le fait même qu'elle agit sur le monde, devient fausse. Comment ne pas se mettre en colère contre Yahvé qui lui a tendu un piège dans ce labyrinthe qu'on appelle le temps ? S'il fait son travail de prophète, il est sûr de se transformer en l'un de ces « évocateurs de spectres » et « consulteurs de morts » qui sont pour Dieu une « abomination » (Deutéronome 18,11-12). Jonas, pour sortir de l'impasse et plutôt que de fuir, aurait pu raisonner comme suit : le contenu de ma prophétie, c'est ce qui se passerait effectivement *si* je ne prophétisais pas. Supposons que Jonas ne souhaite pas la chute de Ninive. Il se découvre un pouvoir extraordinaire pour faire qu'elle ne se produise pas : c'est de prophétiser qu'elle va se produire. Cela s'appelle de la *prévention*. Une parole annonciatrice de catastrophe réussit à prévenir l'occurrence de la catastrophe en question. Dieu, justement, nous le savons, ne souhaite pas la chute de Ninive. Peut-il, lui, s'en sortir ainsi ? Certainement pas, car il ne peut confondre, sous peine d'imposture logique, l'avenir tel qu'il va se produire, notre avenir, l'avenir de notre monde, et un avenir conditionnel, qui donc n'est pas un avenir du tout, mais simplement une hypothèse sur ce qui se passerait si Jonas, qui prophétise la catastrophe, ne l'avait pas prophétisée.

Franchissons d'un bond vingt-huit siècles et considérons la manière dont le philosophe allemand Hans Jonas à la fin du deuxième millénaire défend sa mission de prophète de malheur. Examinons avec soin la citation que j'ai placée en exergue de cette dernière partie : « La prophétie de malheur est faite pour éviter qu'elle ne se réalise ; et se gausser ultérieurement d'éventuels sonneurs d'alarme en leur rappelant que le pire ne s'est pas réalisé serait le comble de l'injustice : il se peut que leur impair soit leur mérite [141]. »

La différence saute aux yeux : Hans Jonas se félicite de cela même que son grand ancien homonyme considérait comme une impasse. Hans Jonas est comme le Dieu du livre de Jonas. Il prophétise – fait prophétiser, dans le cas de Yahvé – l'avenir expressément afin qu'il ne se produise pas. Et l'avenir, ici, signifie bien l'avenir, l'avenir dans son actualité : ce qui va réellement se passer. La longue citation que j'ai faite plus haut, dans laquelle Jonas se démarque de l'impératif catégorique kantien, le signifie sans ambages. Hans Jonas ne s'intéresse pas aux avenirs hypothétiques, lesquels, encore une fois, ne sont pas des avenirs du tout.

Le problème est que « prévoir l'avenir pour le changer » est, pour notre métaphysique traditionnelle, une impossibilité logique. Je concéderai que cela n'empêche pas les gens de dormir ni de vaquer à leurs affaires. A l'approche de l'an

141. Hans Jonas, *Le Principe Responsabilité*, *op. cit.*, p. 233.

2000, une revue de vulgarisation scientifique a posé à une vingtaine d'experts en prédiction, de la voyante de quartier au fabricant de modèles macroéconomiques, la question de savoir pourquoi il était si important de prévoir l'avenir. La plupart ont répondu : « pour pouvoir le changer ».

La métaphysique est une discipline rationnelle. Il y a des vérités en métaphysique. Ou plus précisément, étant donné une métaphysique cohérente, les propositions qu'on exprime dans son cadre possèdent une valeur de vérité. Elles sont vraies ou fausses. Si nous considérons la métaphysique que j'ai appelée « traditionnelle », et à laquelle j'ai attaché le nom de Leibniz, il y est vrai que l'avenir n'est pas moins inaltérable que le passé. Le philosophe américain David K. Lewis, qui fut sans doute le plus grand logicien de la métaphysique du vingtième siècle, et en quelque sorte l'héritier de Leibniz, a exprimé cette vérité dans les termes suivants, où le mode et le temps des verbes ont une importance cruciale : « Quand nous disons couramment que nous "changeons l'avenir", quelle capacité nous attribuons-nous exactement ? Celle de faire que l'avenir soit ce qu'il sera réellement, plutôt que ce qu'il aurait été si nous avions agi différemment que nous le faisons dans le présent. On peut dire d'une certaine façon que nous changeons les choses (*We make a difference*). Mais ce n'est pas un changement au sens strict, car la différence que nous introduisons dans le monde se situe entre le possible qui s'actualise et les possibles qui restent non actualisés, et non pas entre des actualités successives. La vérité stricte consiste simplement à dire que l'avenir dépend *contrefactuellement* du présent. Il dépend, en partie, de ce que nous faisons maintenant[142]. »

Le concept de « dépendance contrefactuelle » demande

142. David K. Lewis, « Counterfactual Dependence and Time's Arrow ». *In* D. K. Lewis, *Philosophical Papers*, vol. II., Oxford, Oxford University Press, 1986.

à être expliqué, car il va jouer un rôle majeur dans ce qui va suivre. Une proposition conditionnelle du type « si, alors » peut être indicative (« S'il pleut demain, je n'irai pas travailler ») ou bien contrefactuelle (« Si j'étais plus jeune, je courrais le Marathon de New York »). Le terme « contrefactuel » se réfère à la présence d'un antécédent (« Si j'étais plus jeune ») qui est contraire aux faits (hélas, je ne suis pas plus jeune que je ne le suis). Le comportement de ces deux types de conditionnels dans nos raisonnements varie du tout au tout. Pour prendre un exemple classique, la proposition « Si Shakespeare n'a pas écrit *Troïlus et Cressida*, quelqu'un d'autre l'a fait » est sans aucun doute vraie puisque la pièce existe et qu'elle a nécessairement un auteur. En revanche, il est hautement problématique d'attribuer la valeur de vérité « vrai » à la proposition contrefactuelle « Si Shakespeare n'avait pas écrit *Troïlus et Cressida*, quelqu'un d'autre l'aurait fait ». On peut penser que seul le génie du Barde pouvait produire ce chef-d'œuvre.

Dire que l'avenir dépend contrefactuellement du présent, c'est simplement tenir pour vraies toute une série de propositions du type : « Si j'avais fait ceci, alors que j'ai fait autre chose, l'avenir serait (peut-être) différent. » Nous serions alors dans un autre monde, possible comme le nôtre, mais non actualisé. C'est cela qui nous donne l'impression que nous pouvons changer l'avenir. Mais, dans notre monde, l'avenir est simplement ce qu'il est, ou plutôt, il est ce qu'il sera. Il n'y a rien que je puisse faire entre maintenant et le moment de l'avenir que je considère tel que *si je le fais, cet avenir sera différent* (proposition conditionnelle indicative).

La tâche que s'assigne Hans Jonas semble donc bien être une impossibilité logique et métaphysique. A moins, bien sûr, de montrer qu'il existe une autre métaphysique du temps et de l'action libre, tout aussi cohérente que celle qui nous paraît si naturelle que nous ne la mettons même pas en question. Le plus grand poète métaphysicien des temps modernes, Jorge Luis Borges, nous indique une voie par la citation que j'ai également placée en exergue de cette dernière partie : « L'avenir est inévitable, mais il peut ne pas avoir lieu [143]. » Si c'est la solution, elle a la forme d'un nouveau paradoxe. Il reste beaucoup de travail pour l'éclairer. Borges ajoute : « Dieu veille aux intervalles. » Il nous faudra remplacer Dieu par l'homme : la responsabilité de veiller ne revient qu'à nous. Ma thèse, évidemment, est que si la métaphysique de Jonas, le prophète biblique, nous permet de penser la prévention, c'est la métaphysique de Hans Jonas, le philosophe allemand, qui nous permet de nous en échapper. A condition de lui donner une consistance qu'elle n'a pas encore trouvée dans l'œuvre de son inventeur, cette métaphysique nous permettra peut-être de penser la cohérence et la rationalité du catastrophisme.

143. Jorge Luis Borges, « La Création et P. H. Gosse », in *Enquêtes*, Paris, Gallimard, 1957, p. 44. Borges commente ici le chapitre de la *Logique* de John Stuart Mill qui traite de la loi de causalité.

11. Le temps du projet et le temps de l'histoire

> Qu'est-ce qu'une intelligence infinie ? demandera peut-être le lecteur. Il n'est pas de théologien qui n'en donne une définition ; je préfère en donner un exemple. Les pas que fait un homme, du jour de sa naissance à celui de sa mort, dessinent dans le temps une figure inconcevable. L'Intelligence divine voit cette figure immédiatement, comme nous voyons un triangle. Cette figure a (peut-être) sa fonction bien déterminée dans l'économie de l'univers.
>
> Jorge Luis Borges, « Le miroir des énigmes », in *Enquêtes*, *op. cit.*, p. 182.

> *Are these the shadows of the things that Will be or are they shadows of the things that May be, only ?*
>
> Charles Dickens, *Christmas Carol*.

Prévoir l'avenir n'est évidemment pas succomber au fatalisme, j'y ai insisté. Mais prendre l'avenir prévu pour guide de son action présente, c'est une autre affaire. Or cette configuration est la plus ancienne et la plus commune qui soit. Le héros tragique se fixe sur l'oracle et les efforts vains qu'il déploie pour échapper à son verdict ne font que hâter l'accomplissement de celui-ci. A l'autre bout de l'aventure humaine, les agents « économiques » d'aujourd'hui prennent pour repères les prévisions de l'institut de la statistique et, par exemple, leurs réactions produisent, par effet de composition, tout autre chose que ce qui était prévu.

Je voudrais envisager la situation d'un prédicteur qui, sachant que sa prédiction va produire des effets dans le monde, se doit d'en tenir compte s'il veut que l'avenir confirme ce qu'il a prévu. C'est l'un des trois cas possibles de la prévision de l'avenir dans les affaires humaines. Un premier cas est celui où il s'agit de prévoir l'état d'un système indifférent aux représentations que nous avons de lui, une récolte de blé dans un pays lointain ou l'état du trafic automobile dans une ville étrangère. La prévision s'apparente alors à celle d'un système physique, et la modélisation en est l'outil indiqué. Le deuxième cas n'est en vérité pas une prédiction du tout, mais un acte de parole, qui prend parfois la forme de la promesse ou de la menace et s'exprime par des propositions conditionnelles du type : voici ce qui se passerait si vous décidiez telle chose ou bien si je faisais telle autre. La prophétie de Jonas, fils d'Amittaï, relève de cette configuration puisqu'il ne peut rien faire de mieux que de prophétiser ce qui se serait passé s'il n'avait pas prophétisé. Le troisième cas est celui dont je traite ici.

Que serait aujourd'hui une élection sans les sondages qui la précèdent et qui en annoncent les résultats avec parfois une précision telle que les électeurs se demandent, non sans révolte, à quoi sert le fait qu'ils aillent voter ? Dans les années cinquante, le prix Nobel d'économie Herbert Simon, l'un des fondateurs de l'intelligence artificielle, défendit la thèse qu'il n'y a pas de différence de principe entre les sciences de l'homme et les sciences de la nature quant à la possibilité de faire des prévisions exactes. L'argument auquel il s'opposait n'est pas que l'observation et le pronostic seraient plus difficiles dans le premier cas. C'est qu'ils perturberaient irrémédiablement le système observé. La prévision d'un fait social, une fois connue et affichée publiquement, ne peut que modifier le fait en question. Les sondages, en faisant connaître à l'opinion publique l'état de l'opinion publique, changent celui-ci. Au sondage suivant, certains sondés, allant dans le sens de l'histoire ou de la foule, pencheraient vers le vainqueur du sondage précédent ; d'autres, comme Montesquieu déjà l'analysait, tenteraient de rétablir la balance en se portant vers le perdant. C'est pour éviter de tels effets que la publicité des sondages fut pendant longtemps interdite dans les jours qui précèdent l'élection.

Or Herbert Simon prétendait réfuter l'argument en question[144]. Il prouvait que le processus décrit comporte toujours un « point fixe » ; c'est-à-dire qu'il existe un état de l'opinion qui reste stable si on informe l'opinion de son état. Le problème est que Simon faisait plus : il montrait qu'il y a en général plusieurs points fixes. De telle sorte que, si l'institut de sondage entendait jouer la divination en se plaçant en un point fixe, de façon que sa prévision coïncide avec l'état d'une opinion informée de son propre état, il jouirait d'un pouvoir de manipulation exorbitant en choisissant l'un plutôt que l'autre. Mais qu'on y réfléchisse : ce pouvoir n'est pas moindre si l'institut préfère informer l'opinion de son état brut, comme cela paraît raisonnable. A supposer que l'institut connaisse la fonction de réaction de l'opinion à la connaissance de son propre état, en choi-

144. Herbert A. Simon, « Bandwagon and underdog effects in election predictions », *Public Opinion Quarterly*, 18 (3), 1954. Cette publication a entraîné une controverse quelque peu ridicule, parce que portant sur un point annexe, avec le mathématicien norvégien Karl Egil Aubert dans *Social Science Information*.

sissant de n'en pas tenir compte, il fait évoluer l'opinion, sous couvert d'objectivité, dans un sens déterminé. La publicité des sondages, en vouant ceux-ci à trahir soit l'exactitude soit la neutralité, pourrait bien rendre la question de la volonté du peuple indécidable. Voilà qui donne sens à la maxime paradoxale de Rousseau : « Si, quand le peuple suffisamment informé délibère, les citoyens n'avaient aucune communication entre eux, du grand nombre de petites différences résulterait toujours la volonté générale, et la délibération serait toujours bonne[145]. » Il nous semble aujourd'hui ô combien contradictoire de penser l'information sans la communication.

A en croire maints politologues, la démocratie serait devenue une science grâce à la pratique des sondages. Certains rêvent même d'une démocratie informatisée en temps réel, où des sondés perpétuels feraient connaître à tout moment, à travers leur opinion, l'état de la volonté générale. Mais l'indécidabilité produite par la boucle récursive des sondages sur eux-mêmes et, finalement, sur le vote met sérieusement en question cet optimisme scientiste.

Revenons un moment aux prophètes de la Bible. Ce sont des hommes extraordinaires, souvent excentriques, qui ne passent pas inaperçus. Leurs prophéties ont un effet sur le monde et le cours des événements pour ces raisons purement humaines et sociales, mais aussi parce que ceux qui les entendent croient que la parole du prophète est la parole de Yahvé et que celle-ci, qui ne peut être ouïe directement, a le pouvoir de faire arriver cela même qu'elle annonce[146]. Nous dirions aujourd'hui que la parole du

145. Jean-Jacques Rousseau, *Du contrat social*, livre II, chap. 3, « Si la volonté générale peut errer. »

146. Cf. Isaïe 55,10-11 : « De même, en effet, que la pluie et la neige descendent du ciel et n'y retournent pas sans avoir abreuvé la terre, sans l'avoir fécondée et fait germer, pour qu'elle donne la semence au semeur et le pain à celui qui mange, ainsi en est-il de la parole qui sort de ma bouche : elle ne

prophète a un pouvoir *performatif* : en disant les choses, elle les fait venir à l'existence. Or, le prophète sait cela. On pourrait être tenté de conclure que le prophète a le pouvoir d'un révolutionnaire : il parle pour que les choses changent dans le sens qu'il veut leur imprimer. Ce serait oublier l'aspect fataliste de la prophétie : elle dit ce que sont les événements à venir tels qu'ils sont écrits sur le grand rouleau de l'histoire, immuables, inéluctables. Ainsi Jérémie : « Un Kouchite [un Éthiopien] peut-il changer sa peau et un léopard ses taches ? Et vous, vous pourriez faire le bien, vous, habitués à mal faire ? » (13,23).

La prophétie révolutionnaire a gardé ce mélange hautement paradoxal de fatalisme et de volontarisme qui caractérise la prophétie biblique. Le marxisme en constitue l'illustration la plus saisissante. A son propos, *Hans* Jonas écrit ceci, qui prouve que son point de départ métaphysique est bien le même que le nôtre : « Ici nous avons un pronostic historico-mondial sur une base rationnelle – et en même temps, par l'extraordinaire équation de ce qui doit nécessairement être avec ce qui devrait être, l'assignation d'un but pour la *volonté* politique, dont on fait ainsi elle-même un facteur dans la vérification de la théorie, après que sa vérité reconnue au préalable l'a elle-même motivée. Pour l'agir politique ainsi déterminé qui fait arriver ce qui doit arriver, cela a pour résultat un mélange extraordinairement étrange de la responsabilité la plus colossale pour l'avenir, combinée avec une absence déterministe de responsabilité[147]. »

Le prophète biblique savait très bien en général trouver la solution de cette équation, à l'instar de Herbert Simon dans le cas de l'équation électorale. Il cherchait le *point*

retourne pas vers moi sans effet, sans avoir exécuté ce que je voulais et fait réussir ce pour quoi je l'avais envoyée. »

147. Hans Jonas, *Le Principe Responsabilité*, *op. cit.*, p. 221.

fixe du problème, ce point où le volontarisme accomplit cela même que dicte la fatalité. La prophétie biblique s'inclut dans son propre discours, elle se voit réaliser ce qu'elle annonce comme destin. Son autoréférentialité est consciente. Lorsque le prophète annonce la catastrophe, il ne présente pas le châtiment comme une menace, mais comme l'accomplissement eschatologique d'une histoire qui contient, comme l'un de ses déterminants, la prophétie elle-même – et, par exemple, le fait qu'elle n'a produit aucun repentir, aucun changement de conduite chez ceux qui l'ont entendue. Le cas de la prophétie d'Amos, ce contemporain de Jonas, est particulièrement remarquable. Presque toutes les paroles qu'elle comporte sont des condamnations, des annonces de ruine et de calamité. Et cependant, apparaissent peu à peu, pour culminer en un *happy ending* qui transforme la prophétie de malheur en prophétie d'espoir, des ouvertures vers un destin plus clément, comme si la prophétie tenait compte de sa propre action salvatrice. Le cas de Jonas, fils d'Amittaï, est le plus difficile. C'est ce qui le destine à notre attention. Dans les termes de la logique métaphysique que j'ai déjà commencé à employer, il lui est échu de résoudre un problème qui n'a pas de point fixe. Quel que soit le contenu de sa prophétie, elle ne s'accomplira pas. S'il prophétise le repentir et la conversion des Ninivites, cela ne se produira évidemment pas. S'il prophétise leur ruine, il sait que cela ne se réalisera pas davantage. De toute manière, ce n'est pas lui qui décide de ce contenu, il n'est qu'un porte-parole. Mais Celui qui est derrière le prophète n'échappe pas Lui-même, semble-t-il, à ce *double bind*.

Hans Jonas, prophète du vingtième siècle, se trouve dans la même situation. Il veut prophétiser une catastrophe dont il espère qu'elle ne se produira pas, *afin qu'*elle ne se produise pas. Il ne peut réussir sur le plan de l'éthique qu'en échouant sur le plan de la métaphysique. Son problème, qui est le nôtre, n'a pas de point fixe. Je vais néanmoins montrer qu'on peut lui en trouver un.

Le dilemme de Jonas étant, de très loin, le plus inextricable, je voudrais revenir au cas général, celui des prophètes qui arrivent à faire se rencontrer en un point de l'avenir, qu'ils prennent pour terme de l'histoire, l'enchaînement causal des phénomènes, auquel l'impact de la prophétie participe, et le déroulement d'un destin implacable. Le lecteur se rappellera que nous avons déjà trouvé sur le chemin une configuration semblable, à propos du théorème de von Foerster, mais c'était des mathématiques ; au sujet de l'autonomie de la technique, mais c'était de l'économie. Il nous faut reprendre la question à nouveaux frais, munis des instruments de pensée que nous offre la métaphysique, discipline rationnelle.

La théorie sociologique d'abord, la théorie économique ensuite nous ont rendu familière la notion de prophétie autoréalisatrice (*self-fulfilling prophecy*) : une représentation concernant l'avenir qui revêt les atours de la vérité, non parce qu'elle était vraie au départ, mais parce qu'elle déclenche chez ceux qui la partagent des réactions qui, composées, la rendent sinon vraie, du moins en relation d'adéquation avec la réalité future. Une anticipation du taux d'accroissement des prix qui s'autoréalise parce que chacun procède à des calculs économiques sur cette base rentre dans ce cadre. On pourrait être tenté de dire que le paradoxe que je tente de cerner n'est qu'une des formes que prend le schéma de la prophétie autoréalisatrice. Mais ce serait manquer un élément crucial de réflexivité. C'est que le prophète dont je cherche à décrire la situation sait tout ce que nous venons de dire lorsqu'il ajuste le contenu de sa prophétie. Il anticipe l'avenir *en sachant* que celui-ci se réalise selon le schéma de la prophétie autoréalisatrice. La logique de cette dernière se laisse facilement décrire dans le cadre de la métaphysique traditionnelle[148]. Le degré de réflexivité supplémentaire introduit par la lucidité du prophète sur le statut de l'avenir qu'il annonce nous fait basculer dans une tout autre métaphysique, dont je vais maintenant montrer qu'elle est celle que nous cherchons.

Peut-on croire à la fois que l'avenir que l'on prévoit est, d'une part, le résultat d'une fatalité, et, d'autre part, qu'on agit causalement sur lui, par le fait même qu'on le prévoit et que cette prévision est rendue publique[149] ? En vérité, il n'y a aucun obstacle de type métaphysique à ce que ces deux croyances coexistent chez un même sujet. Dans les termes que nous avons introduits grâce à Lewis, nous dirons : le sujet tient que 1) l'avenir dépend causalement de ce qu'il fait, au moins en partie, et 2) l'avenir est contrefactuellement indépendant de ce qu'il fait.

148. C'est malheureusement dans le cadre de cette métaphysique traditionnelle que Hans Jonas continue finalement de chercher la solution à son dilemme. Il n'a pas clairement vu que celui-ci appelait tout autre chose. C'est là son point aveugle. Mais le mérite d'avoir nettement posé les termes de l'aporie lui revient entièrement. Cf. *Le Principe Responsabilité*, *op. cit.*, p. 223 : « Car ici, où les hommes réfléchissent sur les hommes, et où ils le font publiquement, l'existence de la théorie en tant que fait lui-même historique modifie les conditions de l'objet de connaissance. Puisqu'elle acquiert elle-même une force causale afin de permettre à sa vérité de devenir réalité, que donc en intention elle contribue à la réalisation des pronostics, elle pourrait faire partie des *prophéties qui s'accomplissent d'elles-mêmes* : le fait d'avoir raison ne prouverait pas sa vérité, mais son pouvoir sur les âmes, grâce auquel elle devient la cause d'actions déterminées » (je souligne).

149. Dans le cas du héros tragique, on pourrait songer à invoquer sa « mauvaise foi », dans la caractérisation que la philosophie analytique de l'esprit donne de cet état mental sous le nom de *self-deception* : le sujet croit une chose (il est libre d'agir et de faire arriver les événements) et il croit simultanément son contraire (il est soumis à la fatalité). Pour une réflexion subtile sur cette hypothèse, fondée sur l'analyse littéraire de deux exemples classiques, le cas d'*Œdipe-Roi* et celui de *Macbeth*, voir Robert Doran, « *Alazon* : Tragic Self-Deception in *Œdipus Rex* and *Macbeth* », Stanford University, mémo, 1999 ; à paraître.

La coexistence non contradictoire de ces deux croyances, si elle est possible, introduit un coin entre la dépendance causale et la dépendance contrefactuelle. Il est vrai que nous sommes tentés de rendre ces deux dépendances équivalentes, ce qui revient à penser que l'une entraîne l'autre et réciproquement. J'appellerai « causalisme » l'hypothèse qu'il en est bien ainsi. La métaphysique traditionnelle du temps, celle que David K. Lewis décrivait ci-dessus, repose sur le causalisme. Nous tenons que nos actions présentes ne peuvent avoir d'effet causal sur le passé et nous en inférons que le passé est contrefactuellement indépendant du présent. Nous tenons par ailleurs que nos actions présentes peuvent avoir un effet causal sur l'avenir, et nous en inférons que l'avenir dépend contrefactuellement du présent. Dans la suite, je remplacerai le plus souvent les expressions encombrantes « indépendant contrefactuellement de » et « dépendant contrefactuellement de » par, respectivement, « fixe » et « ouvert ». Dans la métaphysique traditionnelle, nous tenons le passé pour « fixe » et l'avenir pour « ouvert ». Il faudra bien garder en mémoire que cette « fixité » et cette « ouverture » valent par rapport à un pouvoir contrefactuel, mais pas nécessairement par rapport à un pouvoir causal.

Un passé fixe et un avenir ouvert, c'est la conception que nous nous faisons « spontanément » du temps – pas en toutes circonstances, cependant, comme nous allons le voir. La *forme* qui lui correspond est familière à tous les stratèges. C'est l'arbre – l'« arbre de décision ».

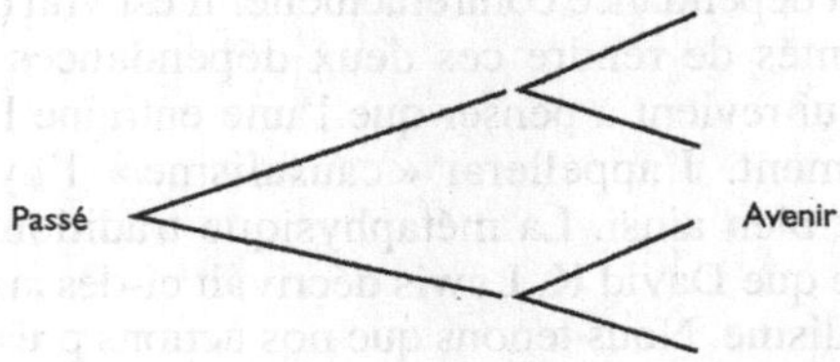

Le temps comme jardin aux sentiers qui bifurquent, ou temps de l'histoire

Dans cette figure, les possibles préexistent au moment où le temps choisit l'un d'entre eux et ils survivent à ce moment. Mais de tels moments, il y en a en tout point de la trajectoire que le temps décrit dans l'arborescence infinie, tels ces pas que fait un homme, du jour de sa naissance à celui de sa mort, et qui dessinent, nous dit Borges, une « figure inconcevable[150] ». Le génie poétique du même Borges a fait à ce temps le don d'une appellation mémorable, que reprend Lewis quelque part : le temps est un « jardin aux sentiers qui bifurquent[151] ». « Cette trame de temps qui s'approchent, bifurquent, se coupent ou s'ignorent pendant des siècles, embrasse *toutes* les possibilités », explique l'un des protagonistes de l'histoire policière qui porte ce titre. « Le temps bifurque perpétuellement vers d'innombrables futurs. Dans l'un d'eux je suis votre ennemi. »

150. Jorge Luis Borges, « Le miroir des énigmes », in *Enquêtes*, *op. cit.*, p. 182.

151. Id., *El jardín de senderos que se bifurcan*, Buenos Aires, 1941 ; repris et traduit par P. Verdevoye in *Fictions*, Paris, Gallimard, 1957.

Retournons à la situation du prophète, telle que je la décrivais. Le prophète tient l'avenir pour fixe tout en croyant qu'il le cause, du moins en partie. Le prophète viole donc le causalisme. Est-ce une faute, du point de vue de la métaphysique ?

Pas nécessairement. Qu'il puisse y avoir dépendance contrefactuelle même en l'absence de dépendance causale est attesté par de nombreux exemples que l'on peut construire de manière cohérente. Voici le schéma de l'un d'entre eux. On peut imaginer sans peine, même si la chose n'est pas avérée, qu'un homme a raté son avion, à Boston, le matin du 11 septembre 2001. Il n'est pas invraisemblable, du point de vue de la psychologie, qu'il en tremble encore, et qu'il en tremblera toute sa vie. Pourquoi ? Parce qu'il raisonne ainsi : « Si je n'avais pas raté mon avion, je serais mort dans les circonstances abominables dont le monde entier a été le témoin. » Ce qui justifie qu'il raisonne ainsi est évidemment l'hypothèse causaliste. Que je rate ou non mon avion ne pouvait avoir aucun effet causal sur le déroulement de la tragédie, donc aucun effet contrefactuel, raisonnons-nous en nous mettant à sa place. Donc, si je n'avais pas raté mon avion, la tragédie se serait déroulée de la même manière et je compterais parmi ses victimes. Mais cette inférence est indue et l'on peut construire des scénarios plausibles où elle serait mise en défaut[152].

152. Par exemple : c'est un accident sur l'autoroute menant à l'aéroport qui m'a retardé. Or, dans l'un des véhicules accidentés, il y avait un agent de la CIA qui, informé des plans des terroristes, se précipitait pour les neutraliser. Si l'accident n'avait pas eu lieu, je n'aurais pas raté mon avion et, par ailleurs, la catastrophe aurait été évitée. L'invraisemblance relative de ce scénario sur le plan technique ne doit pas occulter le schéma dit de *cause commune* qu'il entend illustrer. L'occurrence de l'accident est cause de deux événements causalement indépendants l'un de l'autre, mon retard et la non-neutralisation des terroristes. C'est l'un des schémas possibles qui justifient que deux variables causalement indépendantes puissent être tenues pour contrefactuellement liées.

Qu'une dépendance causale puisse, à l'inverse, se doubler d'une indépendance contrefactuelle, c'est précisément la configuration dont nous voulons établir la cohérence. La tâche est beaucoup plus délicate dans ce sens[153]. Voici cependant une illustration dont l'importance pour notre sujet est manifeste, puisqu'elle va nous permettre de nouer plusieurs fils que nous avions laissés en suspens.

Les théoriciens du marché « parfait » posent que les agents économiques, producteurs et consommateurs, prennent les prix pour des données[154], fixes, c'est-à-dire indépendantes de leurs actions. Ces actions sont constituées par les offres et les demandes relatives aux biens qui composent l'économie en question. Simultanément, les économistes expliquent la formation des prix par la confrontation sur le marché de ces mêmes offres et de ces mêmes demandes. Très tôt, les économistes marxistes crurent bon de dénoncer une « contradiction » dans ce jeu d'hypothèses. Il leur paraissait parfaitement incohérent de doter les agents d'un pouvoir causal sur la formation des prix tout en posant que les mêmes agents, ignorant en quelque sorte leur pouvoir, voient des données fixes dans ce qui, pourtant, résulte d'eux. Le marxisme ne pouvait interpréter cette contradiction de l'économie « bourgeoise » que comme un reflet de sa totale aliénation. Les théoriciens du marché se moquaient, pour leur part, de ce qu'on pût voir une contradiction dans ce qui, pour eux, se réduit à la recherche d'un *point fixe*.

153. Cf. Jean-Pierre Dupuy, « Counterfactual Consequences », communication au Colloque « Rationality and Intentions » organisé par le département de philosophie de l'université d'Amsterdam, Amsterdam, 15-16 octobre 1999 ; texte disponible sur demande.

154. L'anglais, toujours plus concis que le français, dit des agents économiques qu'ils sont des *price-takers*, des « preneurs de prix ».

En vérité, l'hypothèse que les agents économiques tiennent les prix pour fixes n'est certes pas une contradiction, mais elle n'a pas non plus le caractère de banalité que les économistes affectent d'y voir. On considère généralement aujourd'hui que ce que la théorie économique, la théorie du choix rationnel, la théorie des jeux, etc., désignent par « équilibre » n'a rien à voir avec ce que l'origine de ce terme en mécanique rationnelle suggère. Tout problème de décision à deux agents au moins met en scène un phénomène de *spécularité*, chacun devant penser à ce que l'autre pense de ce que lui-même pense, etc. Un type d'équilibre correspond à une manière de couper quelque part cette régression potentiellement infinie. Avec l'hypothèse de fixité des prix, la théorie du marché pose que c'est au niveau des prix que la régression s'arrête. Mais cette théorie n'a jamais vraiment fondé ce qui reste son hypothèse clé. Les économistes se contentent généralement de dire que les agents sont trop petits pour qu'ils puissent affecter sensiblement les prix par leurs actions. Cette justification, discutable par elle même (les consommateurs, par exemple, pourraient se coaliser, former des coopératives, des syndicats, etc.), révèle surtout que les économistes adoptent sans barguigner (sans même le savoir) l'hypothèse causaliste. Pour justifier la fixité des prix, ils se croient obligés d'expliquer que les agents économiques n'ont qu'un pouvoir *causal* infime sur ceux-ci, pouvoir qui, en première approximation, peut être négligé. Ils ne réussissent pas à voir la configuration qui nous occupe. On doit pouvoir poser sans contradiction à la fois que les agents ont un pouvoir causal sur les prix et qu'ils tiennent ceux-ci pour *fixes*, non pas au sens causal, mais bien au sens technique que nous avons donné à ce terme : fixes, c'est-à-dire contrefactuellement indépendants de leurs actions.

A ce stade, le théorème de von Foerster vient nous tirer d'embarras, car il fonde précisément la configuration en question. Il nous dit en effet que, sous certaines conditions qu'il énonce rigoureusement, la situation des agents dans un système qui échappe à leur maîtrise donne un fondement objectif aux propositions conditionnelles contrefactuelles du type : « Si j'agissais différemment, en augmentant par exemple ma demande pour tel bien, l'ensemble des prix n'en serait pas affecté. » Cela n'est en rien incompatible avec le fait que les agents ont un pouvoir causal sur les prix et le savent.

On se récriera que de tels agents sont « aliénés », au sens que le marxisme a donné à ce terme. Pas nécessairement : les agents peuvent choisir de faire *comme si* ils étaient aliénés en ce sens. Pourquoi donc le feraient-ils ? Je répète que les agents, devant se coordonner, doivent choisir une façon de mettre un terme aux jeux de miroirs potentiellement infinis dans lesquels les plongerait le besoin de savoir ce que les autres savent de ce qu'ils savent, etc. Cet arrêt à la spécularité, c'est dans la postulation partagée de la *fixité* d'un jeu de variables qu'ils vont l'organiser. C'est lucidement, en toute conscience, qu'ils vont *par convention* tenir ces variables pour fixes (contrefactuellement indépendantes de leurs actions) alors qu'ils se savent avoir un pouvoir causal sur elles. Je ne vois pas que cette configuration soit entachée d'une quelconque contradiction. Elle est parfaitement pensable. C'est sur elle que l'on peut fonder le concept de « convention de coordination » qui a acquis droit de cité dans la pensée économique d'aujourd'hui [155].

Cet exemple suffit, je crois, à illustrer qu'une dépendance causale peut aller de pair avec une indépendance

155. Une branche importante de la pensée économique décline aujourd'hui ce concept dans divers champs d'application, de la monnaie aux relations de travail. Connue sous le nom d'« économie des conventions », elle a trouvé dans l'œuvre du même David K. Lewis (*Convention : A Philosophical Study*, Cambridge, Mass., Harvard University Press, 1969) sa source d'inspiration.

contrefactuelle. Il va maintenant nous servir de tremplin pour revenir à la question de la temporalité, qui est beaucoup plus complexe. Avant de le quitter, je noterai qu'aucun théoricien du marché n'a jamais vu la moindre contradiction entre l'hypothèse de fixité des prix et la postulation que les agents sont dotés de libre arbitre. C'est au contraire parce que les agents peuvent délibérer sur leurs choix, à prix tenus fixes, que l'hypothèse de fixité des prix prend son sens : que l'agent fasse ceci ou cela ne change rien aux prix sur lesquels il base sa décision.

Dans les problèmes de choix qui font intervenir le temps, l'hypothèse qui semble aller de soi est que les agents tiennent le passé pour fixe[156]. Ils tiennent le passé pour contrefactuellement indépendant de leurs actions. En métaphysique, cette hypothèse acquiert le statut de principe : le principe de fixité du passé. Le passé est fixe et l'avenir ouvert. C'est le temps que nous avons décrit plus haut, ce jardin aux sentiers qui bifurquent. Détachant la métaphysique de son inspiration poétique, j'ai proposé d'appeler cette conception de la temporalité *temps de l'histoire*. C'est l'expression que j'utiliserai dans ce qui va suivre.

Dans le temps de l'histoire, les agents se coordonnent par convention sur le passé, tenu fixe. A vrai dire, cette convention ne paraît pas en être une, tant elle nous semble « naturelle ». C'est parce que nous tenons le passé pour fixe que des composantes fondamentales du lien social comme la promesse, l'engagement, le contrat, etc., sont possibles. Si je me suis engagé à vous rembourser le prêt que vous m'avez consenti, rien dans l'avenir ne pourra changer le fait que je me suis ainsi engagé. Le crime passé pourra peut-être un jour être pardonné, mais nul ne pourra

156. En anglais, je risquerais le *past-taker*, construit sur le modèle de *price-taker*.

faire qu'il n'a pas eu lieu. Le fait que les régimes totalitaires s'efforcent toujours de « réécrire l'histoire » ne fait que renforcer l'évidence : l'histoire qu'ils racontent est tout simplement mensongère.

Je soutiens cependant que l'évidence d'une autre conception du temps, dans lequel nous nous coordonnons autour d'un avenir tenu pour fixe, ne nous est pas moins familière. L'expérience de ce temps est facilitée, encouragée, organisée, voire imposée par maints traits des institutions de la société moderne. De partout, des voix plus ou moins autorisées se font entendre qui proclament ce que sera l'avenir plus ou moins proche : le trafic sur la route du lendemain, le résultat des élections prochaines, les taux d'inflation et de croissance de l'année qui vient, l'évolution des émissions de gaz à effet de serre, etc. Les *prévisionnistes* et autres prospectivistes, dont le nom sonne moins bien que celui de prophète, savent fort bien, et nous avec eux, que cet avenir qu'ils nous annoncent comme s'il était inscrit dans les astres, c'est nous qui le faisons. Nous ne nous rebellons pas devant ce qui pourrait passer pour un scandale métaphysique (sauf, parfois, comme électeurs). C'est la cohérence de ce mode de coordination par rapport à l'avenir que je voudrais dégager.

Ce que nous avons appris en examinant le cas de l'économie de marché peut nous servir de guide. Supposer que tel agent tient l'avenir pour fixe n'implique en aucune façon qu'il ne voie pas que l'avenir dépend causalement, au moins en partie, de ce qu'il fait maintenant. Cela n'implique pas non plus qu'il ne soit pas libre d'agir maintenant autrement qu'il le fait. Ce point est délicat et mérite un examen fouillé. L'agent tient par hypothèse l'avenir pour fixe, c'est-à-dire contrefactuellement indépendant de son action. Maintenant, dans son raisonnement, l'avenir constant, pour décider de son action présente il choisit, entre plusieurs options, celle qu'il juge la meilleure. Supposons que celle-ci soit telle qu'il apparaisse clairement à l'agent qu'elle va rendre impossible la réalisation causale de l'avenir qu'il a prévu. Cette impossibilité signifie-t-elle que le monde implose dans l'instant qui suit, condamné au non-être ? Non, bien sûr. Ce que cela montre, c'est que l'agent n'est pas libre d'anticiper n'importe quel avenir. Dans le temps de l'histoire, cela est également vrai, cela va sans dire, mais la contrainte est d'une autre nature. La prévision, nous l'avons vu, consiste à simuler au moyen d'un modèle le déroulement causal de phénomènes indifférents au fait qu'on les prédise ou pas. Je rappelle l'aporie éthique qui, selon Hans Jonas, caractérise notre situation présente : nous avons l'obligation morale de prévoir les conséquences lointaines de nos choix, mais nous ne pouvons pas les prévoir. Dans le cas où c'est l'avenir, et non le passé, qui est tenu pour fixe, la contrainte à laquelle est soumise l'anticipation de l'avenir est que la réaction à l'avenir anticipé boucle causalement sur l'anticipation en question. Le temps de l'histoire avait la forme d'un arbre. Le temps que nous décrivons maintenant a la forme d'une boucle, dans laquelle le passé et le futur se déterminent réciproquement :

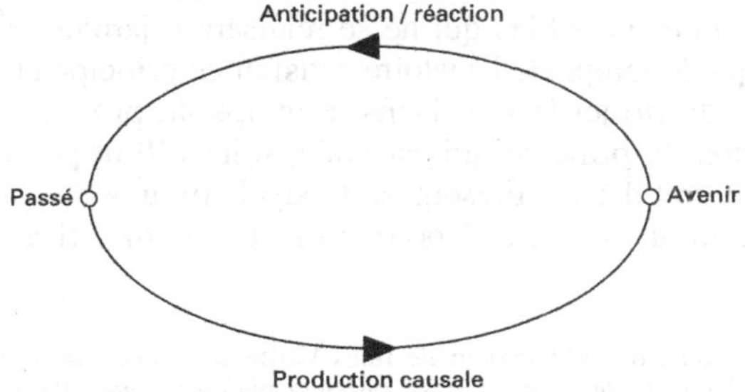

Temps du projet

J'ai donné le nom de *temps du projet* à cette temporalité autre. Elle possède des propriétés importantes et singulières, parfois paradoxales, mais pas plus que la métaphysique bergsonienne, avec laquelle elle partage certains traits. Le principal d'entre eux est le suivant : puisque l'avenir est tenu pour fixe, tout événement qui ne fait partie ni du présent ni de l'avenir est un événement impossible. Arrêtons-nous un moment sur cette propriété.

Un des moments culminants de l'histoire de la métaphysique se situe non loin de ses origines. A peu près à l'époque d'Aristote, un philosophe grec du nom de Diodore Kronos formula une aporie à laquelle l'histoire de la philosophie a donné le nom d'*argument dominateur*. Quatre principes sont énoncés qui concernent les conditions d'un acte libre, chacun se présentant comme conforme au bon sens, voire comme ayant force axiomatique. L'argument dominateur conclut qu'ils sont mutuellement incompatibles. Le problème est de savoir lequel ou lesquels de ces axiomes doivent être sacrifiés. Le troisième d'entre eux nous dit ceci : « Il y a un possible dont la réalisation n'a jamais lieu, ni dans le présent, ni dans le futur », ou, plus simplement : « Il y a des possibles qui ne se réaliseront jamais »[157]. On voit que le temps de l'histoire satisfait ce principe et que le temps du projet le nie. Dans le temps du projet, c'est la négation du principe qui est vraie, soit : « Tout possible se réalise, soit dans le présent, soit dans le futur. »

Ce point est crucial pour notre problème. Il apparaît

157. Voir l'ouvrage majeur de Jules Vuillemin, *Nécessité ou Contingence. L'aporie de Diodore et les systèmes philosophiques*, Paris, Éd. de Minuit, 1984. Les trois autres axiomes sont : 1) le passé est irrévocable ; 2) du possible à l'impossible, la conséquence n'est pas bonne ; et 4) ce qui est ne peut pas ne pas être pendant qu'il est.

que, dans le temps du projet, la prudence ne peut jamais prendre la forme de la prévention. La prévention suppose en effet que l'événement indésirable que l'on prévient soit un possible qui ne se réalise pas. Il faut que l'événement soit possible pour que nous ayons une raison d'agir ; mais si notre action est efficace, il ne se réalise pas. Le possible indésirable, bien que non réalisé, doit garder une certaine « réalité », celle que partagent ces possibles qui ne font pas partie de notre monde actuel. C'est ce que signifie l'aphorisme fameux de Clausewitz dans *De la guerre* : « En raison de leurs conséquences, les événements possibles doivent être jugés comme réels. » Or, rien de cela n'est concevable dans le temps du projet. Si la prudence est concevable dans le temps du projet, nous savons déjà qu'elle ne prendra pas la forme de la prévention.

La « mémoire de l'avenir » – de l'avenir tel qu'il est, non tel qu'il pourrait être –, cette belle formule trouve sens dans le temps du projet, mais uniquement en lui. Dans la boucle qui en est la forme, c'est la flèche supérieure qui porte les signaux en provenance de l'avenir que décrit Hans Jonas. Cette flèche reflète l'activité de prédire. Mais attention ! : ce n'est pas la prédiction dans le temps de l'histoire, qui se moule sur l'enchaînement causal des phénomènes. C'est la prédiction consciente de son effet sur l'avenir, qui prédit l'avenir comme s'il était fixe et en même temps causé, au moins en partie, par les effets de la prédiction.

Le temps du projet n'est pas un fatalisme en dépit de la postulation d'un avenir fixe. Ce qui fait qu'il n'est pas un fatalisme est qu'il en sait trop sur la capacité des enchaînements causaux à *mimer* le fatalisme, à produire des « effets de destin ». Il en joue. Revenons au sens de la liberté dans le temps du projet. Une fois bouclée la boucle sur son point fixe, qui est l'état de l'avenir, ce qui n'appartient ni au passé ni au futur est impossible. Il n'y a rien en dehors du monde actuel et de la ligne de temps qui le constitue. Tout y est nécessaire. La liberté ne peut se situer que dans l'activité mentale de celui ou de ceux qui recherchent le point fixe du bouclage « avant » de l'avoir trouvé. L'avenir y est alors « encore » inconnu, c'est un « *x* », au sens de l'inconnue mathématique : bien qu'inconnue, on peut faire sur elle toutes sortes d'opérations, *comme si* on la connaissait, et ainsi en déterminer la valeur. La liberté, c'est ici de se donner dans la pensée n'importe quel avenir et d'en tirer les conclusions sur le passé qui l'anticipe et réagit à sa donnée. C'est en ce sens que l'on peut dire qu'*avant* que l'avenir se détermine, il n'est *pas encore* nécessaire. Mais cet « avant » et ce « pas encore » se situent hors du temps du projet. Dans le temps du projet, la détermination *simultanée* du passé et de l'avenir prive ces expressions de sens.

Le temps du projet est une fiction métaphysique, dont je tente d'établir la cohérence et dont je montrerai la rationalité. Mais le temps de l'histoire, « notre » temps, n'est pas moins fictif. On ne peut faire mieux, en métaphysique, que de construire de telles fictions. Mais elles nous sont indispensables. Dans tous les cas, il s'agit de nous aider à nous penser libres dans un monde soumis au déterminisme causal.

Aristote, Leibniz, Kant ont construit d'étonnantes fictions au sujet du temps de l'histoire. Christine Korsgaard, philosophe américaine d'obédience kantienne, les caractérise ainsi : « Afin de pouvoir faire quoi que ce soit, il nous faut tout simplement faire semblant d'ignorer (*ignore*) le fait que nous sommes déterminés, et décider ce que nous devons faire – exactement comme si (*als ob*) nous étions libres[158]. » Selon ces fictions, nous pouvons agir dans

158. Christine Korsgaard, *The Sources of Normativity*, Cambridge, UK, Cambridge University Press, 1996.

l'exacte mesure où nous nous dotons de la capacité de démarrer, par l'effet de notre volonté, de nouvelles chaînes causales. Faire comme si nous étions libres nous amène à raisonner sur des conditionnels contrefactuels du type : « Si j'agissais autrement que je le fais, alors telle chose en résulterait. »

La fiction que je construis sous le nom de temps du projet [159] rassemble des éléments épars en provenance de divers philosophes, bien qu'on ne la trouve dans sa cohérence globale chez aucun d'entre eux. Je pense à Spinoza, pour qui être libre, c'est acquiescer à la nécessité ; à Bergson, bien sûr, pour qui l'irruption du radicalement nouveau modifie la valeur de vérité des propositions modales portant sur le passé ; à Heidegger et à sa notion paradoxale d'*Entschlossenheit*, de décision résolue, et à la faculté qui l'accompagne de « choisir son destin » ; à Nietzsche et à sa notion de « mémoire de la volonté » ; à Sartre et à sa formule : « Être fini, [...] c'est se choisir, c'est-à-dire se faire annoncer ce qu'on est en se projetant vers un possible, à l'exclusion des autres [160]. »

Dans la fiction du temps du projet, je me considère comme déterminé par une essence, pour utiliser le vocabulaire sartrien, mais une essence inconnue. Je ne suis libre, dans aucun monde possible, d'agir contrairement à cette

159. Voir, pour un approfondissement de concepts que je ne peux ici présenter que de façon sommaire : Jean-Pierre Dupuy, « Philosophical Foundations of a New Concept of Equilibrium in the Social Sciences : Projected Equilibrium », *Philosophical Studies*, 100, 2000, p. 323-345 ; Id., « Two temporalities, two rationalities : a new look at Newcomb's paradox », *in* P. Bourgine et B. Walliser (éd.), *Economics and Cognitive Science*, New York, Pergamon, 1992, p. 191-220 ; Id., « Common knowledge, common sense », *Theory and Decision*, 27, 1989, p. 37-62. Voir aussi Jean-Pierre Dupuy (éd.), *Self-Deception and Paradoxes of Rationality*, CSLI Publications, Stanford University, 1998.

160. Jean-Paul Sartre, *L'Être et le Néant*, Paris, Gallimard, coll. « Tel », 1943, p. 604.

essence. Comment puis-je croire donc à la fiction de ma liberté ? En faisant *comme si* j'étais libre de choisir cette essence en choisissant mon existence (« choisir son destin », « se déterminer », etc., sont alors des expressions qui prennent sens). Les conditionnels contrefactuels que je vais utiliser dans mes raisonnements pratiques seront ici du type « rétrograde [161] » : « Si je faisais ceci plutôt que cela, *c'est que* mon essence serait celle-ci et non celle-là, il en résulterait telle chose. »

Notre analyse du fondement et du sens de l'hypothèse de fixité des prix dans la théorie du marché nous apprend ceci quand on la transpose au domaine temporel. L'aliénation des agents – le fait qu'ils ne reconnaissent pas dans l'avenir les conséquences de leurs actions et qu'ils figent cet avenir en destin – facilite et encourage leur coordination sur un avenir tenu fixe. Supposons que l'on puisse montrer par ailleurs que ce mode de coordination a dans certains cas des propriétés désirables, ou, en tout cas, moins indésirables que d'autres conventions. On aura montré par là même que l'avenir figé en destin est pour les agents à la fois un poison et un remède. Telle est la thèse que j'essaie de défendre au sujet de notre situation, face aux menaces nouvelles.

On peut évidemment, on doit même parfois, se situer dans le temps du projet en dehors de toute aliénation. C'est le cas des entreprises collectives qui galvanisent un peuple ou un groupe autour d'un *projet* commun dési-

161. L'expression en anglais est *backtracking conditionals*. Comparer : « Si j'achetais un appartement avenue Foch à Paris, (c'est que) je serais riche » à : « Si j'achetais un appartement avenue Foch à Paris, je serais pauvre » (car ruiné). Cette observation permet de voir ceci : le temps du projet viole le premier principe de l'argument dominateur. Le passé n'est pas irrévocable, il n'est pas fixe, l'action présente a un pouvoir contrefactuel sur le passé. Ce pouvoir n'est évidemment pas causal, aucune loi physique n'est violée.

rable. Le meilleur exemple que je connaisse est celui de la planification française telle que l'avait conçue Pierre Massé et telle que Roger Guesnerie en synthétise l'esprit dans la formule fulgurante suivante : la planification, écrit-il, « visait à obtenir par la concertation et l'étude une image de l'avenir suffisamment optimiste pour être souhaitable et suffisamment crédible pour déclencher les actions qui engendreraient sa propre réalisation [162] ». On se convaincra aisément que cette formule ne peut trouver sens que dans la métaphysique du temps du projet, dont elle décrit parfaitement la boucle reliant le passé et l'avenir. La coordination s'y réalise sur une *image* de l'avenir capable d'assurer le bouclage entre une production causale de l'avenir et son anticipation autoréalisatrice.

Le paradoxe de la solution catastrophiste au problème des menaces qui pèsent sur l'avenir de l'aventure humaine est maintenant en place. Il s'agit de se coordonner sur un projet négatif qui prend la forme d'un avenir fixe *dont on ne veut pas*. On pourrait songer à transposer la formule de Guesnerie ainsi : « obtenir par la futurologie scientifique et la méditation sur les fins de l'homme une image de l'avenir suffisamment catastrophiste pour être repoussante et suffisamment crédible pour déclencher les actions qui empêcheraient sa réalisation », mais cette formulation laisserait échapper un élément essentiel. Une telle entreprise semble en effet entachée d'emblée d'une faute rédhibitoire : l'autocontradiction. Si l'on réussit à éviter l'avenir indésirable, comment peut-on dire qu'on se sera coordonné, fixé sur l'avenir en question ? L'aporie reste entière.

162. Roger Guesnerie, *L'Économie de marché*, Paris, Flammarion, coll. « Dominos », 1996, p. 75. La formule reflète l'esprit des anticipations rationnelles.

12. Rationalité du catastrophisme

> Si, comme l'idée s'impose, nous pensons d'abord ici au destin de la nature planétaire conditionnée par l'homme, *un destin qui nous dévisage depuis l'avenir*, il s'avère que le sentiment adéquat est un mélange de peur et de culpabilité : peur parce que la prévision nous montre justement de terribles *réalités* ; culpabilité parce que nous sommes conscients de notre propre rôle à l'origine de leur enchaînement.
>
> Hans Jonas, *Pour une éthique du futur*, *op. cit.*, p. 102 (je souligne).

> Voici comment le monde vient à sa fin
> Aucun éclat, juste une faible plainte
>
> T. S. Eliot, *The Hollow Men*.

Si Hans Jonas revêt les habits du prophète de malheur, s'il crie *urbi et orbi* l'annonce de la catastrophe à venir, c'est qu'il pense, plutôt qu'aux prophètes bibliques, au destin des Cassandre, Laocoon et autres prophètes antiques dont le malheur était qu'ils n'étaient pas écoutés [163]. Sa déploration insistante est que nous n'accordons pas un

163. Cf. le *Laocoon* de Lessing.

poids de réalité suffisant à l'inscription de la catastrophe dans le futur. Ni cognitivement ni émotionnellement, nous ne sommes touchés par l'anticipation du malheur à venir. Ainsi : « La représentation du *destin* des hommes à venir, à plus forte raison celle du destin de la planète qui ne concerne ni moi ni quiconque encore lié à moi par les liens de l'amour ou du partage immédiat de la vie, n'a pas de soi cette influence sur notre âme ; *et pourtant elle "doit" l'avoir, c'est-à-dire que* nous *devons lui concéder cette influence*[164]. » Sur « l'aspect émotionnel de la vision d'avenir moralement exigée », Jonas précise que « le savoir *factuel* de la futurologie [doit] éveiller en nous le *sentiment* adéquat pour nous inciter à l'action dans le sens de la responsabilité[165] ». Dans toutes les dimensions de son ontologie, que nous avons ici laissée de côté, l'on retrouve la même exhortation. Sur le droit des générations à venir, le défi est que « n'a des revendications que ce qui élève des revendications – ce qui tout d'abord *existe*. [...] Ce qui n'existe pas n'élève pas de revendications, c'est pourquoi ses droits ne peuvent pas non plus être lésés [...] il n'a pas le droit d'exister, avant même d'exister effectivement. La revendication d'être commence seulement avec l'être. Or c'est précisément à *ce qui n'est pas encore* que l'éthique cherchée a affaire[166]. » C'est donc toujours le déficit d'être propre à la représentation du malheur qui constitue le défi à relever. C'était déjà le cas de la critique illichienne : le mal est invisible, il se cache dans les *détours* du travail et de l'hétéronomie. Notre devoir est de le débusquer là où il est et de le ramener en pleine lumière.

Selon Nietzsche, la nature s'est donné pour « tâche paradoxale » d'« élever l'homme » comme « un animal

164. Hans Jonas, *Le Principe Responsabilité*, *op. cit.*, p. 68 (je souligne).
165. Id., *Pour une éthique du futur*, *op. cit.*, p. 101 (souligné par l'auteur).
166. Id., *Le Principe Responsabilité*, *op. cit.*, p. 87 (je souligne).

qui puisse promettre ». L'homme a ainsi appris « à voir et anticiper le lointain comme s'il était actuel [167] ». J'ai tenté de montrer que seule la métaphysique du temps du projet pouvait rendre compte de cette *actualisation du futur*, en ce qu'elle met face à face le passé et l'avenir, les rendant jumeaux l'un de l'autre. Dans le temps de l'histoire, la prévention efficace de la catastrophe fait de celle-ci un possible non réalisé, sorte de fantôme ontologique dont le poids de réalité est insuffisant pour soutenir la volonté de le maintenir hors du monde actuel. L'autoréfutation de la prévention réussie ne relève pas de la logique puisqu'elle passe dans ce cas par une représentation et une volonté. Le temps du projet, lui, inscrit fermement la catastrophe dans la réalité de l'avenir, mais au point qu'une prévention réussie ne peut que s'auto-annihiler *ipso facto*, pour des raisons logiques cette fois, puisque la catastrophe, ne pouvant trouver place dans l'ensemble vide des possibles non réalisés, disparaît dans le non-être.

Cette description de notre aporie, dans les termes mêmes où je viens de le faire, se trouve au cœur du débat sur l'efficacité et l'éthique de la dissuasion nucléaire. Il se trouve que ce même débat a révélé l'existence d'une issue possible.

Ce n'est pas parce que le principe de précaution trouve, dit-on, ses origines lointaines dans les discussions sur la guerre froide que j'aborde maintenant ce sujet. C'est uniquement, j'y insiste, parce que ce débat met en évidence que notre aporie métaphysique possède une solution. Ce n'est d'ailleurs pas un hasard si David K. Lewis, en compagnie d'autres philosophes américains, a participé activement à la réflexion critique sur la logique du fameux « équilibre de la terreur ». C'est à l'épreuve de cette

167. Friedrich Nietzsche, *Généalogie de la morale*, 2e dissertation : « La “faute”, la “mauvaise conscience” et ce qui leur ressemble. »

matière qu'il a affûté certains de ses concepts les plus importants[168]. J'ajoute que s'il existe un domaine où une « heuristique de la peur » aura eu un rôle essentiel, c'est bien celui-là, qui a fait travailler les outils les plus sophistiqués de la pensée rationnelle au service de la *folie* la plus extrême.

Je veux en effet parler de MAD, cette « logique », littéralement, de la « destruction mutuelle assurée », ou, mieux, de la « vulnérabilité mutuelle ». Le schéma de base est simple : chaque nation offre aux possibles représailles de l'autre sa propre population en holocauste. La sécurité y est fille de la terreur. Si l'une des deux nations se protégeait, l'autre pourrait croire que la première se croit invulnérable et, pour prévenir une première frappe, frapperait la première. Les sociétés nucléaires se présentent comme à la fois vulnérables et invulnérables. Vulnérables, puisqu'elles peuvent mourir de l'agression d'un autre ; invulnérables, car elles ne mourront pas avant d'avoir fait mourir leur agresseur, ce dont elles seront toujours capables, quelle que soit la puissance de la frappe qui les fait s'effondrer. La dissuasion nucléaire a sans doute contribué à cette paix paradoxale qu'on a appelée la « guerre froide ». La question qui agite encore aujourd'hui certains esprits est de savoir si elle n'a pas été une monstruosité morale. Ne le reste-t-elle pas, malgré la fin de la guerre « froide » ? Il est de bon ton d'alléguer que ce sont là de vieilles lunes, complètement dépassées. Le bouclier américain antimissiles va, nous dit-on, nous transporter dans un tout autre monde, moins étranger sans doute à l'ancien que celui dans lequel

168. Cf. David K. Lewis, « Devil's Bargains and the Real World », *in* D. MacLean (éd.), *The Security Gamble. Deterrence Dilemmas in the Nuclear Age*, Totowa, N. J., Rowman and Allanheld, 1984. Parmi les autres philosophes participant au débat, il faut citer Gregory Kavka, David Gauthier et Jean Hampton.

nous a fait basculer la tragédie du 11 septembre 2001. Je crois que la première partie de l'argument est fausse – le monde de la « guerre des étoiles » est infiniment plus dangereux que celui de la guerre froide, mais ce n'est pas le lieu d'en discuter[169]. Je répète que je ne m'intéresse ici qu'aux fondements métaphysiques du débat concernant la dissuasion nucléaire. Sur le second point, en revanche, je ne peux hélas que m'incliner. La condition *sine qua non* de possibilité de l'équilibre de la terreur était que les protagonistes fussent dotés de cette rationalité minimale qui consiste à vouloir vivre. La position catastrophiste que j'essaie de construire en appelle elle-même à la sagesse et à la rationalité des humains, une rationalité qui va bien au-delà de leur désir d'autoconservation. S'il s'avérait que ces hypothèses sont désormais invalides, il n'y aurait plus qu'à désespérer de la folie de l'homme.

Qu'un stratège français puisse dire sans broncher : « Nos sous-marins seront capables de tuer cinquante millions de personnes en une demi-heure. Nous pensons que cela suffit à dissuader quelque adversaire que ce soit[170] », cela fait sans doute frémir, mais cet acte de langage, la menace inouïe qu'il exprime, est l'essence même de la dissuasion. L'acte de tuer cinquante millions d'innocents[171] est un mal incommensurable, beaucoup en conviennent, même si c'est en représailles d'une première attaque qui a causé chez soi

169. Le lecteur intéressé pourra se reporter à mon livre *Penser la dissuasion nucléaire*, Paris, PUF, 2004 ; cf aussi J.-P. Dupuy, *La Dissuasion nucléaire. Essai d'évaluation au regard de l'éthique et de la prudence*, Rapport au ministère de la Défense, février 1998.

170. Dominique David, alors directeur à l'Institut de stratégie militaire, cité par le *Christian Science Monitor*, 4 juin 1986.

171. Au sens que ce terme a dans la théorie de la guerre juste : est « innocent » tout non-combattant. La doctrine française, modestement nommée « dissuasion du faible au fort », a (avait ?) cette particularité que la force de frappe est explicitement conçue pour anéantir les populations civiles et urbaines de l'ennemi.

d'immenses dommages. A elle seule, l'*intention* de commettre cet acte ne serait-elle pas un mal tout aussi colossal ? Si je forme le projet de vous occire, et qu'un événement imprévu m'en empêche, suis-je moralement moins coupable que si j'avais pu exécuter mon plan jusqu'au bout ?

La philosophie morale permet-elle de voir clair dans ce domaine ? Ce n'est pas en France que l'on trouvera de réponse à cette question. Les philosophes et les militaires ne s'y parlent pas, et c'est sur le politique que l'on se décharge du soin de décider d'une des questions les plus fondamentales pour la vie de la nation. Une fois de plus, la démocratie sert d'alibi à l'absence de réflexion morale. Mais le rituel du vote ne remplacera jamais le débat rationnel. C'est vers l'Amérique qu'il faut donc nous tourner.

Il est difficile de ne pas entendre l'argument principal de ceux qui défendent la dissuasion : ce peut être l'unique moyen d'éviter le déclenchement d'un conflit dont l'escalade mènerait, chez l'ennemi comme chez soi, à un cataclysme. Peu importe si ce fut ou non le cas durant la guerre froide. Nous avons définitivement perdu notre innocence, en ce sens que nul ne peut désormais exclure le retour d'une structure MAD où ce serait vraiment le cas. Le refus de former l'intention de tuer des dizaines de millions de gens serait causalement suffisant pour produire des dizaines de millions de meurtres, chez soi mais chez l'autre aussi bien. Lorsque l'écart entre les conséquences de deux actions est immensément grand – il peut ici séparer la survie de l'humanité de son auto-anéantissement –, il serait irresponsable de ne pas adopter un critère conséquentialiste, lequel conclut sous les hypothèses faites à :

(1) Il est bien de former l'intention de *p*,

où *p* se lit : « provoquer la mort de dizaines de millions d'innocents ».

Tout aussi assurée est notre intuition que :

(2) Il est mal de *p*.

On aboutit cependant à une contradiction si l'on tient compte du principe suivant, très profondément enraciné dans nos morales traditionnelles :

(3) Il est mal de former l'intention de *x* s'il est mal de *x*.

Tel est, selon le philosophe Gregory Kavka, le paradoxe dans lequel nous plonge la simple possibilité d'une structure MAD. Jamais dans l'histoire des affaires humaines le conflit entre la morale commune, qui s'exprime en (3), et la rationalité conséquentialiste, qui rend (1) incontestable, n'aura été aussi déchirant. Les partisans de la dissuasion ont beau plaider que (1) est irréfutable et leurs adversaires que c'est le cas de (3), ni les uns ni les autres ne réussissent à apaiser notre soupçon qu'ils ne détiennent qu'une partie de la vérité.

La validité universelle de (3) a été mise en doute, certains s'en trouvant même réduits à défendre la thèse incommode que ce principe est toujours vrai sauf dans le cas de la dissuasion nucléaire. On pourrait souligner que l'intention de *p* est simplement conditionnelle, mais l'aporie serait toujours là. Si je forme le projet de vous tuer lorsque certaines conditions, en dehors de mon pouvoir, seront satisfaites, le statut moral de mon intention est le même que si elle était inconditionnelle. Mais, peut-on faire remarquer, l'intention dissuasive n'est pas une intention conditionnelle au sens ordinaire du terme. Les conditions qui m'amèneraient à *p* sont si peu en dehors de mon pouvoir que ce que j'attends de mon intention de *p* est précisément que ces conditions ne seront pas réalisées. Notre force de frappe n'est pas là pour liquider cinquante millions d'innocents, elle est là pour empêcher que les conditions qui nous amèneraient à liquider cinquante millions d'innocents soient satisfaites. L'intention dissuasive serait « auto-invalidante » ou « autoréfutante ».

Cet argument peut-il soulager les angoisses de ceux qui redoutent une apocalypse nucléaire ? Supposons que ce soit le cas, donc que nous soyons sûrs que notre président ne sera jamais placé dans des circonstances qui l'amèneraient à déclencher le feu atomique. Mais alors, il semble que notre dissuasion perdrait toute efficacité. Celle-ci requiert que l'on n'écarte pas la *possibilité* du pire, même si l'on en écarte l'actualisation. Et le simple fait de rendre le pire possible est un mal en soi – c'est du moins ce que les adversaires de la dissuasion peuvent affirmer.

Précisons ce dilemme au moyen des outils conceptuels dont nous disposons. Pour que la dissuasion fût à la fois efficace et morale, il faudrait que ce que promet la menace, à savoir l'apocalypse nucléaire, fût un événement à la fois possible et non réalisé. Il faudrait que cet événement fût possible, pour qu'il pût avoir, même non réalisé, un impact sur le monde réel. Mais il faudrait évidemment qu'il restât non réalisé, pour que l'aventure nucléaire ne débouchât point sur le mal absolu. Notons que ce sont là des conditions simplement nécessaires. Cette structure formelle est identique à celle de la prévention. Or, dans le cas de la menace nucléaire comme dans celui des catastrophes qui guettent le développement économique et industriel de l'humanité, l'obstacle majeur à une prévention ou une dissuasion efficace est que l'on ne croit pas à la réalité de ce possible non actualisé. La catastrophe n'est pas crédible.

Ce problème de l'absence de crédibilité de la menace nucléaire sur laquelle est censée reposer la dissuasion occupe l'essentiel de la littérature stratégique et technique consacrée au sujet. Il est hors de question que je résume ici ces débats, puisque seule la structure formelle m'intéresse. Il va de soi que les raisons de cette non-crédibilité de la menace nucléaire ne sont pas de même nature que celles que nous avons longuement analysées dans le cas des catastrophes climatiques, sanitaires, économiques ou industrielles. Dans un cas, la menace nucléaire est brandie par un sujet, fût-il un sujet collectif comme un État : elle résulte d'une intention ; dans le second, la catastrophe fond sur ses victimes comme venue de nulle part, *tel un accident fatal*. Or, pourvu que le sujet qui menace son adversaire de déclencher une escalade mortelle et suicidaire si sa volonté n'est pas satisfaite soit doté d'une rationalité minimale, placé au pied du mur – disons après une première frappe qui a détruit une partie de son territoire –, il ne mettra pas sa menace à exécution : le principe même de MAD est l'assurance d'une destruction mutuelle si l'on s'écarte de l'équilibre de la terreur. Quel chef d'État, victime d'une première frappe, n'ayant plus qu'une nation dévastée à défendre, prendrait par une seconde frappe vengeresse le risque de mettre fin à l'aventure humaine ? Disons donc que dans un monde d'États souverains dotés de cette rationalité minimale, la menace nucléaire n'est absolument pas crédible.

Le débat sur la dissuasion, parvenu à ce stade, en est donc exactement au point où nous étions arrivés après avoir découvert que ce n'est pas l'incertitude, scientifique ou non, qui exige une autre stratégie que la prévention, mais bien l'absence de crédibilité de la catastrophe.

L'étape suivante est cruciale. Elle a été franchie lorsque les partisans les plus avisés de la stratégie de vulnérabilité mutuelle ont compris qu'il leur fallait faire l'économie complète du concept d'*intention* dissuasive. Ce concept était bien embarrassant au demeurant puisque, nous l'avons vu, toujours en risque de se réfuter lui-même. L'idée révolutionnaire qui est apparue dans les discussions est qu'il fallait présenter à l'ennemi la menace, non pas comme un acte intentionnel, mais comme une fatalité, un accident. Selon la nouvelle doctrine, la simple *existence* d'arsenaux nucléaires constituant une structure de vulnérabilité mutuelle suffisait à rendre les partenaires infiniment prudents, indépendamment de toute intention ou raison d'agir. Après tout on ne s'amuse pas à taquiner un tigre. S'il faut encore parler ici de rationalité, c'est, comme l'écrit le philosophe Steven P. Lee, « le type de rationalité en vertu de laquelle l'agent contemple l'abîme et décide simplement de ne jamais trop s'approcher du bord[172] ». Le déclenchement accidentel d'un processus d'escalade devenant incontrôlable faisait donc désormais partie intégrante de l'équation dissuasive. On mesure l'intérêt prodigieux que cela a pour notre problème. Avec cette doctrine, dite de « dissuasion existentielle », la différence qui séparait le cas de la menace nucléaire de celui des catastrophes climatiques, sanitaires, économiques ou industrielles s'évanouit en fumée. Dans les deux cas, le mal prend la forme de la fatalité.

Bernard Brodie fut aux États-Unis l'un des plus perspicaces défenseurs de cette nouvelle doctrine. La citation suivante, qui date de 1973, résume, dans sa fulgurance, parfaitement sa pensée[173] :

> C'est un curieux paradoxe de notre temps que l'un des facteurs essentiels qui font que la dissuasion [nucléaire] marche vraiment, et marche bien, est la peur sous-jacente qu'elle pourrait échouer en cas de crise très grave. Dans ces circonstances, *on ne tente pas le destin.* Si nous étions absolument certains que la dissuasion nucléaire était efficace à cent pour cent dans son rôle de protection contre une attaque nucléaire, alors sa valeur

172. Steven P. Lee, *Morality, Prudence, and Nuclear Weapons*, Cambridge, UK, Cambridge University Press, 1996, p. 248.

173. Bernard Brodie, *War and Politics*, New York, Macmillan, 1973, p. 430-431 (je souligne).

dissuasive contre une guerre conventionnelle tomberait à peu de chose ou même à zéro.

Une lecture cursive donne l'impression que l'on saisit sans effort ce qui nous est ici expliqué. On comprend que la dissuasion parfaite est autoréfutante, mais que la dissuasion imparfaite peut être efficace. Je prétends, cependant, que cette double thèse ne peut être démontrée (ni même exprimée d'une manière qui fasse sens) dans le cadre de notre rationalité pratique traditionnelle, c'est-à-dire en termes de croyances, désirs, intentions et décisions – disons : en termes de stratégie. La double thèse de Bernard Brodie requiert une autre métaphysique, une autre conception du temps : pour tout dire, le temps du projet.

Commençons par la thèse de l'autoréfutation de la dissuasion parfaite. Elle ne pourrait être défendue dans le temps de l'histoire, qui est le temps de la stratégie, qu'au prix d'une faute métaphysique majeure : la faute qui consisterait à inférer l'impossibilité de la non-actualité. C'est précisément la faute que les défenseurs de la dissuasion nucléaire sont acculés à commettre lorsque, accusés par leurs critiques de rendre possible l'inacceptable, ils passent subrepticement d'un « je n'appuierai jamais sur le bouton » à « il est impossible que j'appuie sur le bouton ». Dans le temps de l'histoire, si la dissuasion marche parfaitement, la menace d'apocalypse devient un possible non réalisé, et ce possible continue de produire ses effets dissuasifs sur le monde actuel. Si ce n'est pas le cas, ce n'est pas du tout que la menace s'autoréfute, mais parce que, possibilité simplement agitée comme un drapeau rouge, elle n'est pas crédible. La faute de raisonnement que je pointe dans le temps de l'histoire revient donc à confondre les deux arguments majeurs qui ont été avancés au cours du temps par les critiques de la dissuasion nucléaire : la non-crédibilité de la menace, d'une part, et l'autoréfutation d'une dissuasion réussie, de l'autre. Or ces deux arguments reposent sur des fondements métaphysiques différents.

Dans le temps du projet, en revanche, le passage de la non-actualité à l'impossibilité n'est pas une faute, puisque c'est l'une des propriétés de base de la métaphysique qui lui correspond. Tout ce qui n'est pas, ni maintenant, ni dans le futur, est impossible. Il est donc vrai, dans le temps du projet, que toute dissuasion ou prévention qui réussit, par le fait même qu'elle réussit, donc envoie au non-être l'accomplissement de la menace, s'anéantit. Toute mesure de prévention qui réussit apparaît *ipso facto* comme inutile, car faite pour chasser un mal inexistant[174]. Ce qui, dans le temps de l'histoire, apparaîtrait comme un sophisme caractérisé devient une inférence valide dans le temps du projet.

Cette conclusion n'est rien d'autre que l'aporie à laquelle notre chemin nous a conduits. Nous voulions fonder le catastrophisme sur la métaphysique du temps du projet, l'idée étant de se coordonner sur un avenir tenu fixe dont on ne veut pas. Ce projet négatif, ou antiprojet – se fixer sur un avenir catastrophique pour qu'il ne se produise pas –, nous est apparu nécessairement contradictoire, puisque, s'il réussit, on ne se sera pas fixé sur l'avenir, mais sur un événement qui, parce qu'il n'est pas inscrit dans l'avenir, est impossible.

J'en viens à la seconde thèse proposée par Bernard Brodie : c'est une incertitude sur son efficacité qui rend la dissuasion efficace. C'est cette thèse qui a permis de faire sortir la doctrine de la dissuasion de l'impasse dans laquelle elle se trouvait enfermée, coincée entre le non-

174. Les milliards dépensés de par le monde pour éviter le grand *bug* informatique de l'an deux mille ont fait l'objet d'un semblable soupçon. Puisque le *bug* ne s'est pas produit, c'est qu'il ne devait pas se produire. On pourrait multiplier les exemples.

crédible et l'auto-invalidation. C'est l'incertain, l'accident ou l'aléa qui constituerait l'issue, rétablissant tout à la fois la crédibilité et la stabilité de la menace, donc son pouvoir dissuasif. Tout se joue en fait sur le statut métaphysique de cet incertain.

Le recours à l'aléa et à l'incertain comme solution *stratégique* au problème de la dissuasion en général est une idée ancienne, rendue célèbre entre autres par le théoricien des jeux Thomas Schelling[175], et qui a fait ses preuves dans une certaine mesure. L'idée est qu'il peut parfois être *rationnel de mimer l'irrationalité*, en laissant l'adversaire dans l'incertitude à ce sujet[176]. Si les protagonistes sont destinés à s'affronter de façon répétée, chacun acquerra ainsi une réputation de voyou ou de casse-cou prêt à tout, et l'autre, même s'il soupçonne son vis-à-vis de faire semblant, mais de faire semblant avec raison, trouvera rationnel, pour sa part, de céder. C'est ainsi qu'une menace pourrait devenir crédible et avoir un effet dissuasif. Ces jeux spéculaires sont sans doute fascinants, mais ils ne mènent à rien dans une situation de vulnérabilité mutuelle. Ce « jeu »-là, par construction, ne se joue qu'une fois, et c'est une fois de trop.

L'incertitude stratégique n'est évidemment pas la solution que Brodie avait en tête. Mis en situation d'exécuter sa

175. Voir son livre fameux, *The Strategy of Conflict*, Cambridge, Mass., Harvard University Press, 1960, qui a donné une seconde jeunesse à la théorie des jeux.

176. Cette idée a connu une certaine consécration lorsque le président Nixon, en pleine guerre du Vietnam, lui a donné le nom de « théorie du dingue ». Nixon à son conseiller Robert Haldeman : « J'appelle ça la théorie du dingue, Bob. Je veux que les Nord-Vietnamiens croient que j'en suis arrivé au point où je pourrais faire *n'importe quoi* pour arrêter la guerre. On va juste leur faire passer le mot : "Bonté divine, vous savez, les gars, Nixon est complètement obsédé par le communisme. On n'arrive plus à le retenir lorsqu'il pique une rage – et il a sa main juste posée sur le bouton nucléaire" – et vous verrez que Ho Chi Minh en personne sera à Paris dans deux jours, à genoux pour quémander la paix. »

menace dans le cas où la dissuasion échouerait, aucun des protagonistes d'un jeu MAD ne confierait à une loterie ou à la roulette russe le soin de décider pour lui : il céderait.

L'incertitude stratégique trouve naturellement sa place dans le cadre de la métaphysique du temps de l'histoire. Il ne nous reste donc plus qu'une seule option à l'issue de ce long parcours : c'est d'explorer ce que peut être l'incertain dans le temps du projet. Je crois que cette option est la bonne.

Pour avoir une chance de rendre, au moyen de l'incertain, la dissuasion efficace, il faut renoncer à la stratégie, il faut choisir de ne pas choisir. Mais cette formule n'est pas assez précise. Elle pourrait être interprétée sur le mode de la célèbre « machine apocalyptique » dont un stratège fou, un jour, imagina les plans et que Stanley Kubrick porta à l'écran dans son inénarrable *Docteur Folamour*. Le principe en est simple, et a également été théorisé par Thomas Schelling : il s'agit de se lier les mains en rendant la riposte nucléaire automatique[177]. Mais ce serait encore de la stratégie. Bernard Brodie prend bien soin de dire autre chose, même si c'est au prix d'une énigme qu'il n'éclaire pas. Il invoque, lui aussi, le destin, la fatalité. Non pas une fatalité conditionnelle, qui se traduirait par un conditionnel du type : « Si tu m'agresses, il est inévitable que je fasse tout sauter. » On serait encore dans l'intentionnalité. La fatalité dont il s'agit ici est inconditionnée, et c'est une fatalité improbable. *L'apocalypse est comme inscrite dans l'avenir, mais sa probabilité d'occurrence est – Dieu merci – extrêmement faible*. La solution consiste à faire de l'anéantissement mutuel un destin : jeu extrêmement risqué, mais qui peut se justifier au regard de la prudence, puisque c'est

177. Encore faut-il en informer l'adversaire ! Dans le film de Kubrick, les Soviétiques ont tout simplement oublié d'avertir les Américains qu'ils avaient mis au point, et en service, la Doomsday Machine !

parce que la dissuasion n'est qu'imparfaitement efficace qu'elle échappe à l'autoréfutation. Ces notions semblent faire sens, mais elles n'ont de toute évidence pas trouvé jusqu'ici une conceptualisation adéquate. Je tiens que la métaphysique du temps du projet permet de leur donner la rigueur nécessaire. Je me contenterai ici de quelques notations finales[178].

Considérons d'abord les choses d'un point de vue formel. Il s'agit de voir sur quel type de point fixe se referme, dans ce cas, la boucle qui relie le futur au passé dans le temps du projet. La catastrophe ne peut être ce point fixe, nous le savons : les signaux qu'elle enverrait vers le passé, pour reprendre l'image de Jonas dont j'ai établi la justesse, déclencheraient les actions qui empêcheraient que l'avenir catastrophique se réalise. C'est l'autoréfutation de la dissuasion parfaite. Pour que des signaux venus du futur atteignent le passé sans déclencher cela même qui va annihiler leur source, il faut que subsiste, inscrite dans l'avenir, une imperfection du bouclage. J'ai proposé plus haut de retourner la formule par laquelle Roger Guesnerie décrivait l'ambition ancienne de la planification française, afin de dire ce que pourrait être la maxime d'un catastrophisme rationnel. Cela donnait : « obtenir par la futurologie scientifique et la méditation sur les fins de l'homme une image de l'avenir suffisamment catastrophiste pour être repoussante et suffisamment crédible pour déclencher les actions qui empêcheraient sa réalisation ». J'ai ajouté qu'aussitôt exprimée cette maxime s'abîmait dans l'autoréfutation. Nous voyons maintenant comment nous pourrions l'amender pour lui éviter ce sort indésirable. Cela serait : « obtenir une image de l'avenir suffisamment catastrophiste pour

178. Pour des développements techniques, je renvoie le lecteur intéressé aux références de la note 159.

être repoussante et suffisamment crédible pour déclencher les actions qui empêcheraient sa réalisation, *à un accident près* ».

On peut vouloir quantifier la probabilité de cet accident. Disons que c'est un e, par définition faible ou très faible. L'explication qui précède peut alors se dire de manière ramassée : c'est parce qu'il y a une probabilité e que la dissuasion ne marche pas qu'elle marche avec une probabilité 1 - e. Ce qui pourrait passer pour une tautologie (ce serait évidemment le cas dans la métaphysique du temps de l'histoire) n'en est absolument pas une ici, puisque la proposition précédente n'est pas vraie pour e = 0[179]. Le fait que la dissuasion ne marche pas avec une probabilité e strictement positive est ce qui permet l'inscription de la catastrophe dans l'avenir, et c'est cette inscription qui rend la dissuasion efficace, *à e près*. Notons qu'il serait tout à fait incorrect de dire que c'est la *possibilité* de l'erreur, avec la probabilité e, qui sauve l'efficacité de la dissuasion – comme si l'erreur et l'absence d'erreur constituaient les deux branches d'une bifurcation. Il n'y a pas de sentiers qui bifurquent dans le temps du projet. L'erreur n'est pas seulement possible, elle est actuelle, inscrite dans le temps – comme un raté de plume, en quelque sorte[180].

179. La discontinuité pour e = 0 suggère qu'il y a ici à l'œuvre comme un principe d'incertitude, ou plutôt d'indétermination. Les probabilités e et 1 - e se comportent comme des probabilités en mécanique quantique. Le point fixe doit d'ailleurs ici se penser comme la *superposition* de deux états, l'un qui est l'occurrence accidentelle *et* fatale de la catastrophe, l'autre qui est sa non-occurrence. Je ne peux poursuivre ici plus avant cette ligne de réflexion. Je remercie Aviv Bergman, de l'université Stanford, pour ses suggestions

180. Il conviendrait par ailleurs de décrire plus formellement ce qui sépare l'accident stratégique de l'accident-destin ou fatalité. Le premier fait intervenir la probabilité d'un conditionnel du type : « Si tu m'attaquais, je déclencherais l'escalade qui nous engloutirait tous les deux. » Nous sommes dans le temps de l'histoire, l'incertitude s'attache à un acte intentionnel. L'accident-fatalité, lui, fait intervenir la probabilité d'un conditionnel du

En d'autres termes, ce qui a des chances de nous sauver est cela même qui nous menace. Je crois que c'est cela l'interprétation la plus profonde de ce que Hans Jonas appelle l'heuristique de la peur.

L'humanité n'est pas engagée dans un jeu MAD avec des adversaires qui s'appelleraient la Nature, la Technique ou le Temps. Si, comme Œdipe, elle partait en quête du coupable, c'est elle-même qu'elle trouverait au bout du chemin. Elle n'a jamais affaire qu'à elle-même derrière les médiations naturelles et artificielles qui évitent aux hommes de tomber les uns sur les autres dans une mêlée meurtrière. Il n'y a, dans cette histoire, qu'un seul protagoniste, même si le mal qui le guette prend la forme du destin. Ce destin n'est pas un sujet et il n'a pas d'intentions. Mais la situation de « destruction mutuelle assurée » aura eu la même structure, exactement. Sous l'apparence de deux jumeaux inextricablement liés par leur rivalité mimétique, on trouve un seul acteur, l'humanité encore, aux prises avec sa propre violence, qui prend la forme d'un destin apocalyptique. Dans les deux cas, le mal n'est ni signé ni revendiqué. Il est sans intention. La ruse consiste, non pas à révéler qu'il n'existe pas, mais à faire *comme si* nous étions sa victime tout en gardant à l'esprit que nous sommes la cause unique de ce qui nous arrive. Ce double jeu, ce stratagème, est peut-être la condition nécessaire de notre salut.

Le temps du projet piège le temps dans une boucle hermétiquement fermée sur elle-même, faisant du passé et de l'avenir comme deux doubles se renvoyant la balle. Mais,

---

type : « Si la catastrophe était inscrite dans l'avenir, je la rendrais causalement possible en agissant maintenant de cette façon. » Nous sommes dans le temps du projet, ce qui explique la forme « rétrograde » (*backtracking*) de ce conditionnel singulier. Le destin apocalyptique fait « déjà » partie du monde actuel, comme fatalité, précisément. Il ne tient qu'aux acteurs du drame de le rendre improbable, en s'abstenant au mieux de le rendre causalement possible.

comme dans la prophétie biblique, cette fermeture est simultanément une ouverture. Le temps se clôt sur la catastrophe annoncée, mais le temps continue, tel un supplément de vie et d'espoir, au-delà de la clôture. L'ouverture résulte pour nous de ce que le destin a le statut d'un accident, d'une erreur qu'il nous est loisible de ne pas commettre. Nous savons désormais que nous sommes embarqués, avec, à notre bord, une bombe à retardement. Il ne tient qu'à nous que son explosion, inscrite comme une fatalité peu probable, ne se produise pas. Nous sommes condamnés à la vigilance permanente.

Sur la base des connaissances que l'on a aujourd'hui au sujet du « suicide cellulaire autoprogrammé », le biologiste Jean-Claude Ameisen défend la thèse que la vie a pour condition nécessaire la répression permanente du suicide cellulaire[181]. La positivité de la vie doit être conçue, dit-il, comme « la répression d'une répression », « la négation d'une négation ». La thèse s'exprime ainsi : « Un événement positif – la vie – naît de la négation d'un événement négatif – l'autodestruction[182]. »

Le catastrophisme éclairé consiste à penser la continuation de l'expérience humaine comme résultant de la négation d'une autodestruction – une autodestruction qui serait comme inscrite dans son avenir figé en destin. Avec l'espoir, comme l'écrit Borges, que cet avenir, bien qu'inéluctable, n'ait pas lieu.

181. Voir son livre étonnant : *La Sculpture du vivant. Le suicide cellulaire ou la mort créatrice*, Paris, Éd. du Seuil, 1999.

182. *Ibid.*, p. 13.

Table

Du même auteur

AUX MÊMES ÉDITIONS

L'Invasion pharmaceutique
(en collaboration avec Serge Karsenty)
1974 et 2e édition 1977, « Points Essais », n° 84

L'Enfer des choses
René Girard et la logique de l'économie
(en collaboration avec Paul Dumouchel)
1979

Ordres et Désordres
« Empreintes », 1982
« La couleur des idées », 1990

Petite métaphysique des tsunamis
2005
« Points Essais », n° 759, 2015

Retour de Tchernobyl
Journal d'un homme en colère
2006

CHEZ D'AUTRES ÉDITEURS

Les Choix économiques dans l'entreprise
et dans l'administration
(en collaboration avec Hubert Lévy-Lambert)
Dunod, 2 tomes, 1973, 1975

Valeur sociale et Encombrement du temps
Éditions du CNRS, 1975

La Trahison de l'opulence
(en collaboration avec Jean Robert)
PUF, 1976

Introduction à la critique de l'écologie politique
Rio de Janeiro, Civilização Brasileira, 1980

La Panique
Les Empêcheurs de penser en rond, 1991
et 2e édition, 2003

Le Sacrifice et l'Envie
Calmann-Lévy, 1992

Introduction aux sciences sociales
Logique des phénomènes collectifs
Ellipses, 1992

Aux origines des sciences cognitives
La Découverte, 1994, 1999

Libéralisme et Justice sociale
Hachette, « Pluriel », 1997

Éthique et Philosophie de l'action
Ellipses, 1999

Les savants croient-ils en leurs théories ?
Une lecture philosophique de l'histoire des sciences cognitives
INRA Éditions, 2000

The Mechanization of the Mind
Princeton University Press, 2000

Avions-nous oublié le mal ?
Penser la politique après le 11 septembre
Bayard, 2002

On the Origins of Cognitive Science
The MIT Press, 2009

La Marque du sacré
Éditions Carnets Nord, 2009
Flammarion, « Champs Essais », 2010

Dans l'œil du cyclone
Éditions Carnets Nord, 2009

L'Avenir de l'économie
Sortir de l'écomystification
Flammarion, 2012
« Champs-Actuel », 2014

DIRECTION D'OUVRAGES COLLECTIFS

René Girard et le Problème du mal
(en collaboration avec Michel Deguy)
Grasset, 1982

Actes du colloque de Cerisy. L'auto-organisation : de la physique au politique
(en collaboration avec Paul Dumouchel)
Seuil, 1983, 1994

Individu et Justice sociale
Autour de John Rawls
(en collaboration avec C. Audard et R. Sève/sous la direction de)
Seuil, coll. « Points Politique », 1988

Paradoxes of Self-Reference in the Humanities, Law, and the Social Sciences
(en collaboration avec G. Teubner)
Anma Libri, Stanford, 1990

Understanding Origin
(en collaboration avec F. Varela)
Kluwer, Boston Studies in the Philosophy of Science, 1992

Mécanismes mentaux, mécanismes sociaux
De la psychose à la panique
(en collaboration avec H. Grivois)
La Découverte, 1995

Les Limites de la rationalité
Vol. 1 : Rationalité, éthique et cognition
(en collaboration avec P. Livet)
La Découverte, 1997

Self-Deception and Paradoxes of Rationality
CSLI Publiations, Stanford, 1998

RÉALISATION : PAO ÉDITIONS DU SEUIL
NORMANDIE ROTO IMPRESSION S.A.S. À LONRAI
DÉPÔT LÉGAL : AVRIL 2004. N° 66046-9 (2101097)
IMPRIMÉ EN FRANCE